DRIVER BEHAVIOR ANALYSIS AND SAFETY
IN DRIVER-VEHICLE-ENVIRONMENT

人车路系统驾驶行为分析与安全支持

蒋晓蓓　王武宏　郭宏伟　等　著

化学工业出版社
·北京·

作为人车路系统的核心，驾驶人以及驾驶行为研究将对汽车智能化、拟人化、宜人化发展起到支撑与推进的作用。本书从人车路系统中驾驶行为基本定义与特性入手，通过纵横向驾驶行为模型对行车安全需求进行阐释，运用静态驾驶模拟、实车在途测试、用户问卷访谈等主客观实验手段，对特定场景下的驾驶人认知、操纵，以及人机交互行为进行分析，提出保障智能汽车驾驶行为安全的支持方法。

　　本书可作为高等院校相关专业研究生教材或教学参考书，也可作为广大围绕驾驶安全展开相关研究人员的参考用书。

图书在版编目（CIP）数据

　　人车路系统驾驶行为分析与安全支持/蒋晓蓓等著. —北京：化学工业出版社，2020.7
　　ISBN 978-7-122-36617-7

　　Ⅰ.①人… Ⅱ.①蒋… Ⅲ.①智能控制-汽车-基本知识 Ⅳ.①U46

　　中国版本图书馆 CIP 数据核字（2020）第 068463 号

责任编辑：刘　琳　　　　　　　　　装帧设计：王晓宇
责任校对：王素芹

出版发行：化学工业出版社（北京市东城区青年湖南街 13 号　邮政编码 100011）
印　　装：三河市延风印装有限公司
710mm×1000mm　1/16　印张 10½　字数 207 千字　　2020 年 6 月北京第 1 版第 1 次印刷

购书咨询：010-64518888　　　　　　售后服务：010-64518899
网　　址：http://www.cip.com.cn
凡购买本书，如有缺损质量问题，本社销售中心负责调换。

定　　价：68.00 元

前言

在人、车、路（环境）构成的复杂耦合系统中，驾驶人是系统安全、高效、绿色运行的核心要素。面对我国当前的混合交通环境，以及未来可能出现不同自动驾驶等级的智能汽车在道路上混行的情况，驾驶人这一要素对人车路系统的影响更为复杂，而由驾驶人因引发的安全恶化效应亦将十分显著，因此，针对驾驶行为分析方法及控制策略研究的需求十分迫切。

驾驶人不仅是人车路系统的信息处理者和决策者，同时也是调节者和控制者，其行为特性、演化规律以及风险辨识的研究是目前交通安全领域的重点内容。尽管研究角度和起点不同，方法和手段各异，但目的却是一致的，即通过驾驶行为内在机制与外部表现的识别来揭示行为本身对安全的影响程度，以期从根本上设计智能化的安全支持策略，并通过制定相应管理措施，达到实现车辆驾驶安全的目的。

本书从人车路系统中的驾驶行为基本定义与特性入手，通过纵横向驾驶行为模型对行车安全需求进行阐释，运用静态驾驶模拟、实车在途测试、用户问卷访谈等主客观实验手段，对特定场景下的驾驶人认知、操纵，以及人机交互行为进行分析，提出保障智能汽车驾驶行为安全的支持方法。

本书共9章，其中第1、2、6、7章主要由蒋晓蓓撰写，第3、4章主要由蒋晓蓓、郭宏伟撰写，第5、9章主要由王武宏、李成刚撰写，第8章主要由王武宏、王乐怡撰写。全书由蒋晓蓓统稿。

本书的撰写出版和书中涉及的研究项目得到了国家自然科学基金项目（51805034、51878045）、中德合作科研PPP项目（2015-组17）的支持。在编写过程中也得到了国内多位交通科学和交通运输领域专家教授的支持。北京理工大学机械与车辆学院研究生前、刘泽、李成、王天翼、任泽恒、张浩东、侯单懿、郭佳雯、于文麟以及本科生李殊荣、李承禹、李睿豪、叶琦等参与了本书相关研究课题，在此一并表示感谢。

由于笔者学术累积和能力所限，书中尚存在不足之处，恳请广大读者批评指正。

著者
2020年3月于北京海淀

目录

第二部分
驾驶行为分析、建模与安全支持 | **075**

第5章

险态驾驶行为特性分析与安全支持策略 075

第6章

弱势道路使用者交通冲突中的驾驶行为分析 091

第7章

平面交叉口驾驶场景划分与任务分析

第8章

交叉口驾驶认知行为形成与负荷预测方法

第9章

146

面向智能车载系统的人车交互行为研究

第一部分

人车路系统驾驶行为基本特性

第 1 章
绪 论

1.1 道路安全水平与人的行为因素

道路交通安全是世界各国普遍关注的社会问题和科研热点，也是我国机动化和城市化进程中面临的主要挑战之一。根据世界卫生组织的调查报告（WHO Global status report on road safety 2018），全球每年约有 135 万人因道路交通事故死亡，也就是说，平均每 24 s 就有一人在道路上失去生命。道路交通事故是国际排名第八位的死亡原因。道路安全水平在不同国家、地区间存在极不平衡的情况，相比机动车保有量占世界 40% 的高收入国家，低收入国家机动车保有量仅占全世界的 1%，但交通事故死亡人数却占总数的 13%，而对于高收入国家，该数据为 7%。此外，弱势道路使用者的安全形势依然十分严峻，事故伤亡统计信息表明，行人、非机动车骑车人、摩托车驾驶人占交通事故伤亡人数的 54%。

截至目前，道路安全现状还远未达到联合国可持续发展目标 SDG 中目标 3.6 的要求（即 2020 年将交通事故引发的死亡人数减少一半）。从 2000 年到 2016 年，死亡总数呈逐年增长的趋势，十万人口道路事故死亡率总体保持在稳定水平，如

图 1-1所示。在这 17 年间，机动车保有量大幅增长，但十万车死亡率由 2000 年的每十万车 135 人下降了约 50％（图 1-2），可见经济发展与科技变革为降低事故风险带来的明显效果。尽管如此，道路安全水平的发展形势仍难以与快速增长的城市化、机动化进程相匹配。由于城市人口从 1950 年的 7.46 亿增长到 2014 年的 39 亿（约为世界总人口的 54％），随着越来越多的人口涌入城市，道路安全水平的提高、拥堵的缓解、节能减排等都将面临巨大的挑战。

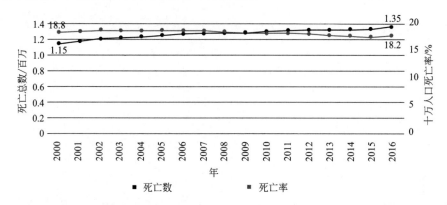

图 1-1　2000～2016 年间道路交通事故死亡人数与十万人口死亡率

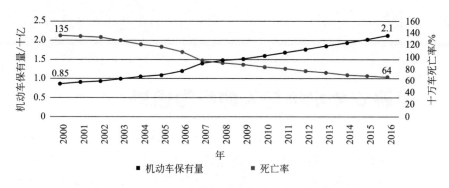

图 1-2　2000～2016 年间机动车保有量与十万车死亡率

　　道路交通系统是由人、车、路（环境）构成的复杂耦合系统，每一起事故均不同程度地涉及到人、车、道路环境要素，驾驶人作为道路安全的主要维护者和实施者，其行为决定了相当一部分系统性能。据统计，在事故致因中，90％以上与驾驶人的因素有关。在各种道路环境中，驾驶人以不同的个人特征和驾驶技能来控制车辆经过交通态势多变的路段，往往导致驾驶行为和人车路系统状况更加复杂。从十万车死亡率的降低趋势在近年来逐渐减缓的情况来看，发展被动安全技术进而提高人车路系统安全水平的效果有限，只有不断发展智能化的主动安全，在交通事变的初始就采取措施，才能达到减少事故的目的。然而，主动安全策略总是与驾驶人的活动密切相关，两者有机结合，相互作用影响。

确定了驾驶人因在人车路系统中的要素地位，接着就需要对其驾驶任务、场景等进行定义，有针对性地开展事故率较高的危险场景及其驾驶任务的分析。有研究表明（图 1-3），最频繁的碰撞发生在纵向交通中，例如快速接近同一车道内的前车，由于安全距离过低导致碰撞，此类事故占总事故数的 29.5%。驾驶人单独行驶时发生的事故占 21.8%，如由于行车方向控制不当而发生偏离路面的事故等。驾驶人左转时与对向或侧向来车发生碰撞的事故数占 14.9%。除左转事故外平面交叉口内发生的其他冲突事故约占比 24.6%。与静止物体以及行人发生碰撞的事故比例较低，分别为 1.6% 和 1.3%，但该类情况下事故后果都相对比较严重。从图 1-3 中可以看出驾驶人纵横向行为与行车安全的密切关系，以及一些典型的危险驾驶场景，如交叉口通行、与弱势道路使用者的冲突等。试想，如能通过智能化的支持手段降低驾驶人纵横向控制行为的风险，改善险态场景的不当驾驶行为，拓展驾驶人的能力边界或弥补人为因素的缺陷，将能够对图 1-3 中除其他以外的六类事故风险进行有效控制。

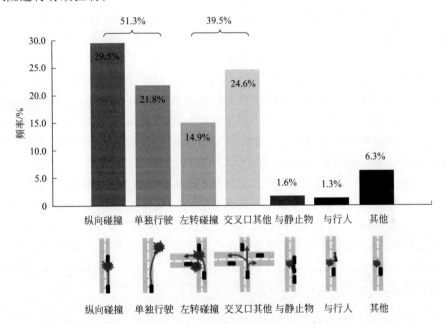

图 1-3　各类事故分布情况

考虑到驾驶这一行为本身是人车路系统事变乃至事故的最根本诱因，复杂环境下高度容错的驾驶行为才是人车路系统安全水平和可持续运行的根本保障，因此，人车路系统驾驶行为分析与安全研究的关键在于：对驾驶任务、驾驶行为生成演化机理以及失误进行定义；通过数学物理模型实现人车单元纵横向安全行为的量化表征，进而规范在诸如跟驰、换道等特定驾驶任务中的时序化操作；同时，结合事故频率高、风险大的驾驶场景以及由于智能网联化发展带来的新的交互形态，从"以人为中心"的角度对驾驶行为特性、认知规律、不良状态进行辨识，为智能汽车安全策略的应用提供理论支持。本书的后续章节也是按此思路展开。

1.2 驾驶人基本特性

人车路系统中的人即道路使用者，包括驾驶人、乘车人、摩托车驾驶人、非机动车驾驶人和行人，而驾驶人又是其中最为关键的要素。充分认识和掌握驾驶人的基本特性对于确保人车路系统的安全有效运行十分重要。

（1）视觉特性

视觉器官是人体最重要的感觉器官，人类从外界环境获得的信息 75％ 来自视觉系统，对于驾驶活动而言，该比例能达到 80％ 甚至更高，如驾驶人观察车内仪表、跟踪与之进行交互的其他道路使用者的运动、查看路侧交通控制信息等。驾驶人的视觉特性包括视力、视野、周围视觉、立体视觉、色觉等。

① 视力。人眼辨别物体细节的能力，通常是指视网膜中央凹处注视点的视力，采用标准对数视力表（E字视标）对视力进行测定。在视网膜中央凹处以外的各点视力称为周边视力。我国颁发的《机动车驾驶证申领和使用规定》第十一条规定，申请大型客车、牵引车、城市公交车、中型客车、大型货车、无轨电车或者有轨电车准驾车型的，两眼裸视力或者矫正视力达到对数视力表 5.0 以上；申请其他准驾车型的，两眼裸视力或者矫正视力达到对数视力表 4.9 以上。视力受到物体的对比度和亮度、照明水平以及观察者与物体之间的相对运动等因素的影响。另外，视力会随着视角的增加而降低。

② 视野。视野是注视点两侧可以看到的范围，又分为静视野和动视野。正常人双眼的视野在水平方向上约为 180°，垂直方向约为 130°（中心视线上方 60°，下方 70°），标准视线约 10° 的范围内物体映像落在视网膜黄斑上，能够看清物体，该区域为最优视野，最清晰的视觉则集中在人眼 3° 附近的视锥内，如图 1-4 所示。视野受到视力、速度、颜色等影响，随着车速的增加，驾驶人视野变窄，注视点远离，两侧场景越模糊。表 1-1 列出了视野与车速的关系。

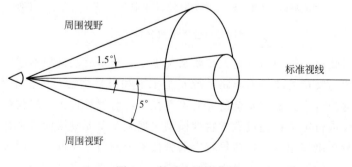

图 1-4　驾驶人视野范围

表 1-1 驾驶人视野与车速的关系

车速/(km/h)	注视点距离/m	视野/(°)
40	183	90~100
72	366	60~80
105	610	40

③ 周围视觉。中央视觉用来观察物体的细节，而周围视觉则展现视野中的其他区域，即人眼能看到的周边区域，能用于观察空间范围或运动的物体，人对于场景的认知很大一部分来自于周围视觉。一般情况下通过周围视觉较难观察静止物体，但出现在周围视觉的运动物体会吸引视觉注意，如驾驶人在交叉口通行时察觉到侧向来车、出现在后视镜的接近车辆，或发现有儿童突然串入街道等。一旦驾驶人注意到此类事件，将会通过头部或眼部转动进一步观察细节以判断是否对安全行车造成威胁。

④ 立体视觉。驾驶人需要具有对物体纵深的感知能力，即形成立体视觉，才能判断距离和速度。用于深度感知的主要机制是通过双目视觉，通过单眼视差和其他提示也可以辅助这一过程。

⑤ 色觉。不同颜色的刺激能够产生不同的视认效果，从而提高视认能力。颜色的组合配置、颜色的情感反应和心理影响对于交通标志标线、信号等设计具有重要作用。

(2) 听觉

听觉也是驾驶人从外界获取信息的重要途径，驾驶人通过对发动机、车轮、警报、系统提示音、鸣笛声、广播等声音信号的辨识，与视觉通道一起，为驾驶人提供安全行车的保障。研究发现，听觉有损的驾驶人发生交通事故比例是听觉正常驾驶人的 1.8 倍。由于听觉信息传递具有方向任意、不受光环境影响、反应快、易于交流等特点，在车辆智能预警系统设计中具有重要作用。

(3) 感知—反应特性

反应是由外界刺激引发的行为过程。人体首先感受到场景刺激，然后推断出适当的行动方案，最后执行该方案，这个过程即感知—反应过程。处理该过程所需的时间就是感知—反应时间，由对刺激的察觉、检测、识别并做出决策的感知时间和引发动作反应的反应时间构成。驾驶人的感知—反应时间受多种因素影响，如驾驶人的年龄、驾驶经验、酒精、场景复杂性等，对于不同的情况，反应时间长短不同。对于高速公路上的制动反应，测得 90 分位数的感知—反应时间值约为 2.5s，对于交通信号的反应时间，建议为 1.0s（85 分位数）。

(4) 心理特性与个性化特征

心理状态稳定、理性谨慎的性格是安全驾驶的最佳特征。影响行车稳定性和安全性的驾驶人心理与个性化要素主要有以下几类。

态度：态度将影响驾驶人对情景和驾驶任务的感受、认识和行为决策，可能造成驾驶人多变的驾驶操作、与其他车辆竞速、疲劳驾驶、冲动驾驶等。

动机：对安全驾驶的重视将促使驾驶人高质量地完成驾驶任务，动机与驾驶人的不同意识、感受等有关，如对伤亡事故及财产损失的恐慌、追求完成驾驶任务的完美表现、社会责任感、逃避惩罚等。

知识或信息：通过学习、培训、观察等各种途径获得人车路综合系统多方面的信息，例如道路路面、线型、标志标线信息，车辆维修保养、性能方面的信息，以及交通规则、控制设施、其他道路使用者通行行为等信息。

技能与习惯：通过实践获得，但习惯较难改变，亦可通过一定的培训进行改善，例如驾车的基本操纵规律、识别道路条件、遭遇不良驾驶时的处理方式、保持注意力和避免分心等。

其他影响驾驶行为的因素还包括性别、年龄、车辆性能、光照、疲劳、酒精、药品、警察执法等。

1.3　驾驶行为分析与绿色驾驶

驾驶行为在人车路系统安全和智能汽车自动化动态控制的研究中占据十分关键的地位，是多学科交叉的研究领域。国内外众多学者对驾驶人生理、心理、操控等行为进行了大量的研究，可以追溯到 1938 年 Gibson 和 Crooks 提出的车辆行驶区域分析（field-analysis）理论。但驾驶行为研究领域发展了八十余年，由于人类信息处理能力的固有多变性，要描述出驾驶人生理心理特性及行为规律的真实结构是非常困难的，大多研究成果都是基于特定的驾驶工况或任务。

驾驶行为分析主要是为了对驾驶人状态及环境因素进行判定，预测驾驶意图和驾驶动作，构建驾驶行为模型，从而从整体上提高人车路系统的安全性和驾驶体验。驾驶行为模型在驾驶辅助、自动驾驶或智能网联系统中的应用，将环境感知信息和精确的驾驶操作相结合，能够对潜在危险进行预警或采取自动避险来防止事故的发生。构建驾驶行为模型的主要问题在于如何运用数学物理和统计分析方法得到合适的定量公式，国内外相关领域学者进行了大量研究，主要包括分层控制模型、信息处理模型和动机模型。

驾驶行为的分层控制模型基于驾驶任务的层级划分，即面向导航（策略）、引导（操纵）、控制（稳定）层级的驾驶任务，具体划分方法和定义等在第二章中进行介绍。驾驶任务的不同层级，其运行的时间尺度不同，行为分析的目标、建模方法、要素也有一定差异。例如驾驶人偏好和出行目的是导航层级驾驶行为分析的重要输入，而引导、控制层级驾驶行为模型则需要建立安全需求方面的约束等。尽管分层控制模型存在层级差异性，但基本从驾驶行为决策以及人车单元运动规律的角度对一般性驾驶行为和驾驶失误进行定性、定量化描述。信息处理模型从信息传递处理过程的角度解析驾驶人的感知—反应特性，构建信息处理结构，基于注意资源的有限性，对驾驶人由于注意力分散造成的风险以及信息遗漏或差错造成的影响等进行分析。信息处理模型因不能合并动机和情感部分而受到广泛的批评。动机模型则描述了驾驶人对安全、高效、节能、舒适等动机的自适应行为，但驾驶动机模型无法生成可检验的假设以及合适的步骤来研究影响驾驶行为的情境因素。虽然对驾驶行为分析建模以及仿真的研究取得一定进展，但目前还没有一个公认的模型能够完成驾驶全过程的覆盖和表征驾驶人的全部行为，在紧急情况下识别驾驶人的危险特征仍存在一定缺陷，同时，人因异质化生理心理指标、行为阈值的界定也是研究的难点所在。

在驾驶行为的研究中，由于绿色交通是我国节能减排和应对气候变化的重要途径，因此对于绿色驾驶行为的研究也在近年来得到极大发展。绿色驾驶行为主要指尽量保持匀速行驶，避免不必要的制动和加速度过大的平滑驾驶行为。广义的绿色驾驶还包括车辆选择、车辆维修保养、胎压检测、路径选择和车辆负载优化等。绿色驾驶为缓解各类交通问题提供了新思路。

已有大量研究表明，绿色驾驶行为能够显著降低机动车能耗和污染物排放量，不同研究给出的燃油消耗和 CO_2 排放量下降程度由 5% 至 40% 不等。绿色驾驶培训被证实能够达到持续稳定的节能效果，数据表明，受试者训练结束 4 个月后的平均燃油消耗降低了 5.8%。此外，绿色驾驶还能够通过节能减排带来可观的经济效益。由于车速过高或速度差过大会对人车路系统安全造成不利影响，基于绿色驾驶策略合理地控制行车速度和驾驶行为有利于提高交通流稳定性，对改善交通安全有积极影响。交通流理论认为，交通震荡能够引起交通拥堵，其最常见的形式是速度的波动，面向绿色驾驶的速度控制能够有效遏制车流震荡，从而缓解交通拥堵，并使驾驶行为更加安全环保。

设计开发绿色驾驶辅助系统能够指导驾驶人采取适宜的驾驶行为，以达到降低能耗和污染物排放量的目的。进一步研究表明，直接型和间接型绿色驾驶辅助系统都能够提升燃油经济性及驾驶人的节能意识，且能够与驾驶人进行沟通，指导驾驶人操作的绿色驾驶辅助系统在培养驾驶人节能习惯方面起到良好效果。但现有的绿色驾驶辅助系统采用平均排放参数来预测排放量，忽略了驾驶行为的个性化和可变性这一重要因素，且忽视了道路等级和气候条件等因素的影响，难以得到准确的排放数据，未来的绿色驾驶辅助系统将对这些问题进行改善。

1.4 人车协同驾驶与交互安全

基于当前互联网技术、现代通信技术与计算机技术的飞速发展，智能汽车为道路交通系统带来了巨大变革。智能汽车就是在普通汽车的基础上增加了先进的传感器、控制器、执行器等装置，通过车载传感系统和信息终端实现与人、车、路等的智能信息交换，使车辆具备智能的环境感知能力，能够自动分析车辆行驶安全及危险状态，并使车辆按照人的意愿到达目的地，最终达到替代或部分替代人来操作的目的。智能汽车从人车交互的角度，以智能化的手段对驾驶行为产生主动或者被动的引导、修正甚至直接取代驾驶人完成驾驶任务，这就是人车协同共驾的过程，其中车辆的不同自动驾驶层级即对应着人与车之间不同的功能分配。

车辆人机交互是驾驶人与车辆相互作用两向通道的有机结合，进而实现人与车之间的理解、交流和通信。该过程表现为车辆对自身及环境信息的探知、判断、预测，为驾驶人提供车辆状态信息（车速、里程、当前位置、车辆保养信息等）、路况信息、安全辅助功能设置、网络互联信息及其他非驾驶相关信息等，同时接收驾驶人对车辆操作动作的反馈；而驾驶人对车辆的操作实质上可视为对一个多输入、多输出、输入输出关系复杂多变、不确定多干扰源的复杂非线性系统的控制过程，驾驶人既要接受环境信息，还要感受车辆运动信息，然后经过判断、分析和决策，并与自己的驾驶经验相比较，确定出应该做的操纵动作，最后由身体、手、脚等来完成操纵车辆的行为。就车辆人机交互机理、模式与技术而言，主要集中在车载智能产品对交互安全的影响、人机交互界面设计和评价等方面。

目前，车辆的内部空间、人机界面、操作和交互过程正在发生革命性的变化，车辆内部的信息模型已经从单一的行车和车况信息模型逐步发展成为包括车辆信息（in Vehicle）、车辆间（V2V）信息、车辆和其他网联信息载体（V2X）进行信息交互在内的复杂信息体系。数据采集和处理技术的进步使自动化、协同系统的发展成为可能，一方面人车协同与车辆自动驾驶是当前汽车发展的趋势；另一方面，从工效学的角度，协同驾驶代表了人机交互作用模式的变革，其交互系统的功能不再视为一些孤立辅助模块的线性叠加，而是包括了驾驶人、车载系统甚至车路智能网联在内的多模式协调交互的有机整合。

面对不断推陈出新的信息技术、汽车主动安全技术与工效学研究，人车交互行为和交互界面作为一个独立、重要的研究领域受到汽车产业界的关注，无论从理论研究还是实际应用方面都展现出前所未有的蓬勃生机，不断改变着驾驶人与车辆的互动方式。目前通过增强现实技术、触觉感知通道构建以及多辅助模式介入等方式，智能化的人机界面研究正在向实现权限共享、驾驶任务动态分配的目标发展。同时对状态识别与预测、协同驾驶水平、自主驾驶模式替代、交互可靠性进行探索性量化分析与评价。因此，面向人车协同共驾的交互系统集成将引起操作任务、人机互动、相关用户界面及交互技术的剧烈变化。

在驾驶人经历人车路系统智能网联信息带来的行为安全挑战时，生态人机界面（Ecological Human-Machine-Interaction，E-HMI）为复杂的智能系统信息共享、控制权动态分配与人机互联提供了解决方案与思路。作为自适应、低负荷人机交互安全系统的发展方向，生态人机交互运用分层抽象法（Abstract Hierarchy，AH）分析人机界面所代表的工作域，以此明确界面设计的信息内容和结构。AH 层级规则的每一层都从不同角度界定了实现系统目标的约束条件，同时上下相邻层级的条

件变量以目的—手段的关系相互联系；基于认知—控制理论解释界面操作者认知的
规律，将处理人机界面不同质信息的行为过程划分为基于技能的行为（Skill-Based
Behavior，SBB）、基于规则的行为（Rule-Based Behavior，RBB）和基于知识的行
为（Knowledge-Based Behavior，KBB），即 SRK（技能-规则-知识基）行为，并以
此提出界面信息图形化可视化交互的原则。通过 AH 分析方法以及 SRK 行为分
析，结合描述工作系统在复杂状况下分层约束条件的认知工况分析方法
（Cognitive Work Analysis，CWA），生态化的人机交互能够将人机传统功能分配、
自适应功能分配综合到生态功能分配中。目前生态人机交互理论多用于核电站、复
杂工厂、航空工业的人机界面设计，而对人车生态化安全交互的探索仅于近年来逐
步获得关注，且基本限于 E-HMI 对驾驶行为的影响分析及其应用的可行性探讨。
在智能驾驶环境下，如何在保障安全且获得驾驶乐趣的前提下系统地优化不同驾驶
场景任务中的人车功能，如何为驾驶辅助或自动驾驶系统的可靠运行建立一个完整
的人车生态交互模式，如何确保人车协同驾驶的容错性，实现驾驶作业负荷与行驶
控制权匹配品质的可信，具有重要的科学理论意义和实际工程价值。

参 考 文 献

[1] Peden M M, Puvanachandra P. Looking back on 10 years of global road safety [J]. International health, 2019, 11 (5): 327-330.

[2] Hatem, Abou-zeid, Najah, et al. Driver Behavior Modeling: Developments and Future Directions [J]. International Journal of Vehicular Technology, 2016, DOI: 10. 1155/2016/6952791.

[3] Tran N. Global status report on road safety 2018 [R]. Geneva: World Health Organization, 2018.

[4] Bubb H. Traffic Safety through Driver Assistance and Intelligence [J]. International Journal of Computational Intelligence Systems, 2011, 4 (3): 287-296.

[5] Gibson, J. J. and Crooks, L. E. A Theoretical Field-Analysis of Automobile-Driving [J]. The American Journal of Psychology, 1938, 51 (3): 453-471.

[6] Transportation Research Board. Highway Capacity Manual [Z], Fourth Edition, Washington, DC, 2010

[7] 袁泉. 汽车人机工程学 [M]. 北京: 清华大学出版社, 2018.

[8] Sivak M , Schoettle B . Eco-driving: Strategic, tactical, and operational decisions of the driver that influence vehicle fuel economy [J]. Transport Policy, 2012, 22: 96-99.

[9] Alam M S, McNabola A. A critical review and assessment of Eco-Driving policy & technology: Benefits & limitations [J]. Transport Policy, 2014, 35: 42-49.

[10] Zarkadoula M, Zoidis G, Tritopoulou E. Training urban bus drivers to promote smart driving: A note on a Greek eco-driving pilot program [J]. Transportation Research Part D: Transport and Environment, 2007, 12 (6): 449-451.

[11] Rolim C C, Baptista P C, Duarte G O, et al. Impacts of On-board Devices and Training on Light Duty Vehicle Driving Behavior [J]. Procedia - Social and Behavioral Sciences, 2014, 111: 711-720.

[12] Strömberg H K, Karlsson I C M. Comparative effects of eco-driving initiatives aimed at urban bus drivers-Results from a field trial [J]. Transportation Research Part D: Transport and Environment, 2013, 22: 28-33.

[13] Beusen, B, Broekx S, Denys T, et al. Using on-board logging devices to study the longer-term impact of

an eco-driving course [J]. Transportation Research Part D: Transport and Environment, 2009, 14 (7): 514-520.

[14] 马社强，刘东，郑英力. 车速对道路交通安全的影响及对策 [J]. 中国人民公安大学学报（自然科学版），2009，(61)：59-62.

[15] Symmons M, Rose G, Van Doorn G. Ecodrive as a road safety tool for Australian conditions [R]. Road Safety Grant Report, 2009 (2009-004).

[16] Aldana-Muñoz M, Maeso-González E, García-Rodríguez A. Contributions of eco-driving on traffic safety [J]. Securitas Vialis, 2014, 16: 97-111.

[17] Roth M, Graves G, Jeffreys I. Eco-driving in the Australian context [C] // Australasian Transport Research Forum (ATRF) 2012 Proceedings. Perth, Western Australia, Australia, 2012: 1-12.

[18] 周桐. CPS 环境下基于驾驶行为的交通拥堵特征及抑制方法研究 [D]. 重庆：重庆大学，2014.

[19] 何蜀燕，关伟. 城市快速路交通流状态跃迁的实证分析 [J]. 中国公路学报，2008，21 (5)：81-86.

[20] Yang X Y, Li D, Zheng P J. Effects of Eco-Driving on Driving Performance [J]. Applied Mechanics and Materials, 2012, 178-181: 2859-2862.

[21] Nozaki K, Hiraoka T, Takada S. Effect of Active Effort in Eco-Driving Support System on Proficiency of Driving Skill [C] // SICE Annual Conference 2012. Akita, Japan, 2012: 646-651.

[22] Doshi A, Trivedi M M. Tactical driver behavior prediction and intent inference: A review [C] //2011 14th International IEEE Conference on Intelligent Transportation Systems (ITSC). IEEE, 2011: 1892-1897.

[23] Ranney T A. Models of driving behavior: a review of their evolution [J]. Accident Analysis & Prevention, 1994, 26 (6): 733-750.

[24] Plöchl M, Edelmann J. Driver models in automobile dynamics application [J]. Vehicle System Dynamics, 2007, 45 (7-8): 699-741.

[25] Macadam C C. Understanding and modeling the human driver [J]. Vehicle system dynamics, 2003, 40 (1-3): 101-134.

[26] 段冀阳，李志忠. 驾驶行为模型的研究进展 [J]. 中国安全科学学报，2012，22 (2)：30-36.

[27] Summala, H. Accident risk and driver behavior [J]. Safety Science, 1996, 22 (1-3), 103-I 17.

[28] Lee J D, Hoffman J D, Stoner H A, et al. Application of ecological interface design to driver support systems [C] //Proceedings of IEA 2006: 16th World Congress on Ergonomics. 2006.

[29] Wang W H, Wets G. Computational Intelligence for Traffic and Mobility [M]. Paris: Atlantis Press, Spring, 2012.

[30] Schmidt A, Spiessl W, Kern D. Driving Auto-motive User Interface Research [J]. IEEE Pervasive Computing, 2010 (1-3), 85-88.

[31] Zimmermann M, Bauer S, Lütteken N, et al. Acting together by mutual control: Evaluation of a multimodal interaction concept for cooperative driving [C] //2014 international conference on collaboration technologies and systems (CTS). IEEE, 2014: 227-235.

[32] Weißgerber T, Damböck D, Kienle M, et al. Erprobung einer kontaktanalogen Anzeige für Fahrerassistenzsysteme beim hochautomatisierten Fahren [C] //5. Tagung Fahrerassistenz. München, 2012.

[33] Kienle, M., Damböck, D., Bubb, H., & Bengler, K. The ergonomic value of a bidirectional haptic interface when driving a highly automated vehicle [J]. Cognition, Technology & Work, 2013, 15 (4), 475-482.

[34] Bengler K, Zimmermann M, Bortot D, et al. Interaction principles for cooperative human-machine systems [J]. it-Information Technology Methoden und innovative Anwendungen der Informatik und Infor-

mationstechnik，2012，54（4）：157-164.

[35] Vicente，K. J.，Rasmussen，J. Ecological Interface Design：Theoretical Foundations [J]. IEEE Trans-actions Oil Systems，Man and Cybernetics，1992，22（4）：589-606.

[36] Mcilroy，R. C.，Stanton，N. Ecological interface design two decades on：whatever happened to the SRK taxonomy [J]. IEEE Transactions on Human-Machine Systems，2015，45（2）：145-163.

[37] Vicente，K. J. Cognitive Work Analysis：Towards Safe，Productive，and Healthy Computer -Based Work [J]. International Journal of Aviation Psychology，1999，12（4）：391-400.

[38] Bubb H，Bengler K，Grünen R E，et al. Automobilergonomie [M]. Springer，2015.

[39] 李霖，朱西产，孙东. 基于视觉信号提示的碰撞预警系统的人机交互界面 [J]. 汽车安全与节能学报，2015，6（1）：37-42.

[40] Friedrichs，T.，Luedtke，A. Modeling Situation Awareness：The Impact of Ecological Interface Design on Driver's Response Times [C] // Proc. COGNITIVE 2015：The Seventh International Conference on Advanced Cognitive Technologies and Applications，2015：47-51.

第2章
定义驾驶行为

相比于铁路、航空、水运等交通方式，在道路上的车辆驾驶是一种自主性强、环境复杂性高、随机性大、潜在失误多的交通方式。驾驶人内在固有属性和外部人车路系统的动态变化，使得驾驶行为很难像飞行员或铁路驾驶员的控制操作那样具有相对统一、规范、流程化的特点，这也给驾驶行为研究带来了困难。驾驶行为的研究基于一定的驾驶任务，而驾驶任务的划分与界定是构建时序化驾驶行为模型、定位驾驶行为失误以及提供智能安全支持策略的基础。时序化的驾驶行为又是由人车路系统的综合信息所引发、引导和反馈的，这其中伴随的就是驾驶人认知过程和可能出现的驾驶失误以及行为风险。此外，考虑到智能汽车的发展极大地丰富了驾驶人与车辆交互的内涵和外延，因此，驾驶行为和驾驶任务的研究内容也在持续拓展。

2.1 驾驶任务

2.1.1 驾驶任务层级划分方法

对驾驶人在特定环境、车辆状态或服务条件下的生理和心理行为进行研究，首先应对驾驶人为实现驾驶目的而进行的时序化操作，即驾驶任务进行层次化划分。早期学者基于输入输出的驾驶人行为规律以及驾驶人内部状态对驾驶行为研究进行了简单的分类，见表2-1；根据策略、操纵和控制三类不同的驾驶需求，将驾驶任务的层级划分为如图2-1所示结构。策略层主要通过对出行的总体规划进行定义，包括出行路线的确定、出行方式、所涉及的风险等。在操纵层，该种分类方式认为驾驶人对交通状况进行即时反应，以实现驾驶的舒适性与安全性，且与长时的策略层相比，该层级的驾驶行为时长一般以秒计。第三层控制级别仅用于自动控制模式，作用时长以毫秒计。

表 2-1　驾驶行为分析类型（Michon，1985）

	类型	方法成果
输入输出 （面向行为规律）	基于任务的 驾驶行为分析	机械模型 自适应控制方法 伺服控制 信息流模型等
内部状态 （基于生理心理特性）	驾驶人生理心理特性分析	动机分析 认知（过程）模型等

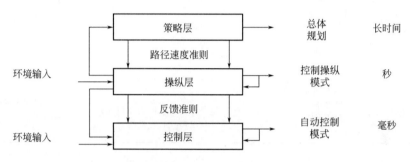

图 2-1　道路使用者交通任务层级（Michon，1985）

在上述划分方法的基础上，有学者基于认知模型将驾驶任务的层级进行划分，见表 2-2，其中，基于技能的认知行为对应于所有熟悉情况下进行的驾驶任务，基于规则的认知行为主要与一些特定场景或与其他道路使用者交互时进行的驾驶任务相对应，而基于知识的认知行为主要对应驾驶人在不熟悉的道路环境下进行的驾驶任务。之后，有学者以及研究机构对上述分类进行了扩展，加入了与驾驶安全相关的驾驶人个性化特征要素，如表 2-3 所示。

表 2-2　驾驶任务层级（Ranney，1994）

	策略层	操纵层	控制层
基于技能	日常通勤路线的行驶	通过熟悉的交叉口	车辆过弯
基于规则	选择熟悉的路线	经过其他车辆	驾驶不熟悉的车辆
基于知识	陌生道路导航	控制打滑	新手驾驶人初次学习

表 2-3　GADGET 驾驶任务层级矩阵（Christ，2000）

层次化驾驶行为 与驾驶任务	知识与技能	风险因素	自我评价
生活目的与技能	· 生活环境 · 同类群体的行为准则 · 动机 · 个人价值观 · ……	· 风险的接受程度 · 寻求刺激意愿强烈 · 顺应社会压力程度 · 酒精与药物的使用 · ……	· 冲动的控制 · 冒险倾向 · 危险的动机 · 风险行为

层次化驾驶行为 与驾驶任务	知识与技能	风险因素	自我评价
驾驶目的与环境	·出行目的的影响 ·规划与选择路径 ·乘车人社会压力的影响 ·……	·身体状况(健康、兴奋程度、饮酒等) ·驾驶目的 ·驾驶环境(乡村/城市/高速公路等) ·社会背景	·个人规划能力 ·典型的驾驶目的 ·可替代的出行方式 ·……
对交通条件的 掌握程度	·交通规则 ·交通标志 ·预期 ·与其他道路使用者的 交互 ·安全边界 ·……	·错误的预期 ·弱势道路使用者 ·违章 ·信息负荷过大 ·异常交通条件 ·缺乏经验 ·……	·操纵水平的高低 ·主观风险水平 ·主观安全阈值 ·……
车辆操控	·控制方向与位置 ·车辆性能 ·物理现象 ·……	·技能不够 ·环境条件(天气、路面摩擦等) ·车辆状况(轮胎、发动机等)	·车辆控制水平的高低

2.1.2　主次副驾驶任务定义

实际上在整个行车过程中，驾驶人不仅在完成着与车辆驾驶相关的任务，同时根据个人需求也在进行其他任务。实现任务的准确描述是驾驶人因分析的基本要求。通常，一个任务由几个子任务组成，驾驶人需要完成若干子任务，部分子任务具有层次化特性，而部分子任务则相互独立。结合上一节的驾驶任务层级划分，可将驾驶任务划分为驾驶主任务、驾驶次任务以及驾驶副任务。驾驶主任务要求驾驶人保持车辆以一定的速度行驶并安全抵达目的地，而驾驶次任务则根据交通状况要求驾驶人对主要任务进行支持，驾驶副任务是与驾驶无关的操作。表 2-4 给出三类任务的概述。

（1）驾驶主任务

驾驶主任务通常由驾驶人在某时间段内发生的从一地到另一地的一次出行活动来定义。出行活动引发驾驶主任务第一层级的导航任务，即确定出行路线（最短路径、最低成本路径等）、确定交叉口处的行驶方向、估计道路行驶的平均速度、确定行程的开始时间等。目前驾驶人多使用智能车载信息系统导航功能或其他智能设备进行导航任务。

定义了出行路线后，驾驶主任务第二层级（引导层级）的驾驶任务要求驾驶人根据当前的交通状况来确定目标行驶路径（车道、轨迹）和目标速度，其中主要影响因素有道路线形、路面条件、障碍物、天气条件、交通流状况以及其他道路使用者交通行为等。引导层级的驾驶任务可详细描述为：驾驶人根据给定的交通条件以及内在心理期望作出相应操纵决策，使得车辆沿道路行驶，或进行相对复杂的该层

表 2-4　三类驾驶任务

驾驶任务分类	功能	
驾驶主任务： 保持车辆正常安全行驶	导航	
	引导	
	控制	
驾驶次任务： 与主任务相关的活动	体现自身意图的行为（操作转向灯、鸣喇叭等），以及对外部的反应行为（切换近远光灯等）	
驾驶副任务： 与驾驶无关的活动	舒适性相关（空调、座椅调节、媒体等）	
	通信相关（蓝牙、互联网等）	

级驾驶任务，例如跟随前方车辆，除了确保车辆沿道路行驶外，还需要调整车头时距以避免碰撞，以及由导航层级驾驶任务引发的交叉口转向行为。引导层级的驾驶任务要求对转向轨迹进行规划，避免与交叉口交通环境内其他道路使用者发生事故。该层级驾驶任务主要在驾驶人（车辆）前方 200m 内且大约在 5～30s 的时间范围内执行。

最后，对于驾驶主任务的最低层级，驾驶人通过操纵控制器（方向盘、油门制动踏板等）完成控制层级的驾驶任务，使得一些具体参数（轨迹、实际速度等）与引导层级的驾驶人目标轨迹、目标车速等相一致。控制层级的驾驶任务执行时间约为 2s 以下甚至以毫秒计。目前多类驾驶辅助系统为驾驶主任务引导和控制两个层级的驾驶行为提供了安全支持，例如自适应巡航控制系统、车道偏离预警、换道辅助等。

总的来说，驾驶主任务可定义为：驾驶人通过车辆控制、车道保持、道路环境监控以及紧急情况反应等行为确保行车安全，即驾驶人通过合理的操作（加减速、转向、车道选择、车速选择、驾驶决策），快速、安全地达到目的地所应进行的一系列任务。

（2）驾驶次任务

驾驶次任务取决于主任务的驾驶需求，分为体现驾驶人意图的驾驶动作和对外部环境变化做出的驾驶反应。前者例如驾驶人希望更改车道时打转向灯，或鸣喇叭向其他道路使用者发出警示等；后者例如遭遇迎面驶来的车辆时将远光灯切换为近光灯，下雨时打开雨刮器，以及手动挡车辆换挡等。

（3）驾驶副任务

驾驶副任务是所有与驾驶不相关或不直接相关的其他任务。与驾驶主任务不同，驾驶副任务并不关注驾驶的安全性，其主要目的是满足驾驶人需求，丰富驾驶体验并提升驾驶乐趣，如听音乐、开空调、打电话等。与驾驶次任务相同，驾驶副任务也可分为与自身意图相关的活动以及对外部信息进行响应的活动，例如拨打电话和接听电话的活动。驾驶人在进行驾驶次任务和副任务时，会对驾驶主任务形成干扰，极易引发注意力分散，进而降低驾驶安全水平。有研究表明，驾驶人能够接受 2s 以内的副任务活动时间，此外在某些情况下，进行驾驶副任务将造成高达 16s 的注意力分散。因此，需对智能汽车的人机交互进行合理设计，优化注意资源分配，并通过实现自动驾驶或简化驾驶任务，消除行为风险。

2.2　驾驶认知行为

2.2.1　信息传递与驾驶行为形成

认知科学研究人类认知和智力的本质与规律，主要包括感知、注意、记忆、意图、决策、动作以及情感动机等各层面的认知活动。对于机动车驾驶人，其认知过程中有两方面的信息非常重要，即外部信息和内部信息。前者主要包括道路环境条件和车辆状况，驾驶人通过对外部道路环境以及车辆仪表、灯光等的观测评估得到；后者涉及驾驶人自身特性与心理活动，包括感受、感知、语言表现、思考、判断、情感和感觉等。

作为道路交通系统的信息处理者、决策者、调节者和控制者，驾驶人是人车路环境系统中最核心、最复杂的组成部分。在行车过程中，为了安全完成驾驶任务，驾驶人需要连续不断地从道路环境和车辆运行状况中获取道路交通信息和车辆运行信息，对其进行加工处理，然后作出决策，通过驾驶人手脚的运动对车辆施行控制，这一驾驶行为形成的过程如图 2-2 所示。驾驶人的操纵动作作用于车辆后，车辆更新其位置和方向，加上来自环境的新要素（或更新后的状态）再次被驾驶人感知，并成为其认知过程的输入。此外，交通状况、天气、能见度等环境参数对驾驶任务以及信息感知产生影响。同时，信息感知和加工处理也受到驾驶人特性的影响。图 2-2 中驾驶人通过上下肢的运动实现车辆的纵横向控制，对应驾驶主任务的控制层级，而驾驶人的眼动行为则多与驾驶主任务的引导层级相配合。

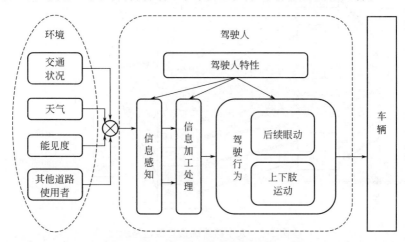

图 2-2　基于人车路系统的驾驶行为形成

基于上述过程，依据对驾驶行为生成演化的分析，驾驶行为可分为以下三个阶段。

（1）感知阶段（信息感知）

驾驶人主要通过视觉、听觉和触觉等来感知车辆的运行环境条件，如道路交通信号、行人的动静位置、路面状况以及车辆的运行工况等信息。这一阶段主要由感觉器官完成。

（2）判断决策阶段（信息加工处理）

驾驶人在感知信息的基础上，结合驾驶经验和技能，经过分析，做出判断，确定有利于车辆安全行驶的措施。这一阶段主要由中枢神经系统完成。

（3）操作阶段（动作执行）

驾驶人依据判断决策所做出的实际反应和行动，具体指手、脚对车辆实施的控制，如加速、制动、转向等。这一阶段主要由运动器官完成。

在感知—判断决策—操作执行的过程中，人车路环境信息在系统中的传递路线如图 2-3 所示，车路信息经由人的感觉器官输入，操纵信息经由人的运动器官输出，也体现了车辆的人机交互过程。

综上，驾驶认知行为形成实质上是一个多元信息融合过程，即驾驶人经过与感知、注意、记忆、思维等相对应的信息收集、筛选、储存、编码等一系列心理活动的不断反复，最后才能达到决策的目的。

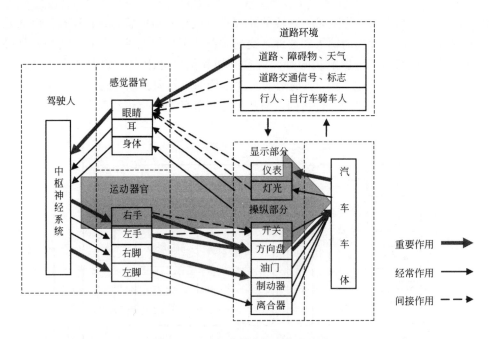

图 2-3　人车路系统信息传递路线

2.2.2　信息感知与加工处理

感知是觉察、感觉到信息并理解信息的过程。在行车过程中，某对象物是否被驾驶人感知到将取决于对象物的物理刺激（强度、特征、持续时间等）、环境条件（能见度、其他刺激物的影响等）、感官特性（人的感知系统特征、视觉等）、驾驶人个性化特征（知识水平、动机、情绪、当前状态等）、信息处理（驾驶人的期望和目标等）。

感知觉的类型非常多，在心理学上，一般将感知觉分为感觉和知觉，前者包括视觉、听觉、触觉、味觉、嗅觉、温度觉、痛觉等，后者包括空间觉、时间觉、运动觉等。在生产生活中，人都是以知觉的形式直接反映事物，而感觉一般作为知觉的组成部分存在知觉当中，很少孤立存在。人类从外界环境获得的信息有 80% 来自视觉系统，驾驶人在交叉口通行时该比例可达到 90%。因此，对于驾驶人来说，视觉感知对道路安全的影响是决定性的，其次是听觉、运动觉和触觉。此外，对于关键的、动态的、瞬时的驾驶任务，时间觉对于驾驶安全来说也非常重要。表 2-5 对感知觉与驾驶信息之间的对应关系进行了分析。

表 2-5　驾驶人主要感知觉与驾驶信息之间的对应关系

驾驶信息	视觉	运动觉	触觉	听觉
车道偏离	★			

续表

驾驶信息	视觉	运动觉	触觉	听觉
横向速度	★			
纵向速度	★			★
加速度		★	★	
横摆角速度	★			
侧向加速度		★		
俯仰	★	★		
方向盘转角	★			

作为驾驶人最重要的信息感知途径，视觉感知是一个复杂的过程，它涉及到几个独立的子过程：察觉、检测和识别，而认知行为要素将作用于其中，例如感受器、瞬时记忆（感觉记忆）、特征整合、识别过程等，见图 2-4。理解视觉感知过程是理解感知错误的基础，而感知错误往往会导致交通事故的发生。视觉感知的第一个阶段为，当光线进入眼睛后被转换成神经信号，形成早期视觉或快速视觉，过程持续约 200ms，同时运用过滤器检测独立特征，这是一种平行的、自动化的加工过程，不需要集中性注意，即前注意过程。通过非线性运算将前注意过程中独立的特征进行关联，这是后续集中性注意过程的输入。而注意过程的信息持续多长时间取决于瞬时记忆的能力，即在最初的刺激停止后仍能保留感觉信息的能力，视觉瞬时记忆又被称为图像记忆，持续约 250ms。

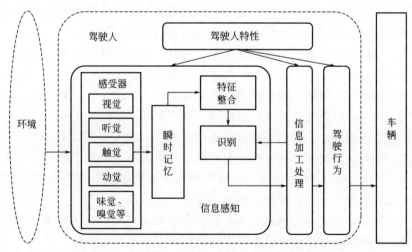

图 2-4　基于人车路系统的驾驶人信息感知过程

集中性注意就像胶水一样，把前注意过程中的特征输入整合为单一个体或场景，可由特征整合理论的规则来解释。对前过程中检测出的独立特征包括颜色、尺寸、方向、倾斜、曲率以及部分动态特征如距离的远近等进行处理，将特征进行定位，确定特征的边界位置，最终整合成特征图，用以引导注意力作用在最明显易见的区域。经此，注意资源决定了哪些信息将从感觉器官转移到瞬时记忆中，进而为后续认知过程服务。

其他感知觉的信息感知机制同视觉感知类似，也包括了监控、线索检测和对情景元素的简单识别过程。驾驶人通过自下而上（数据驱动）或自上而下（知识驱动）的机制监控环境，其中前者是由环境中的时间和对象物驱动的，后者则间接反映了驾驶人操纵策略和眼动行为是后续信息处理过程的结果。驾驶人通过监控，持续检测环境中的线索并对其进行分类，进而将信息传递到信息加工处理过程中。

将感知到的信息进行加工处理，部分信息将被用于支持后续驾驶人操纵行为或眼动行为，部分信息则被忽略。根据不同的驾驶任务，可基于三个层级进行信息处理，即基于知识、基于规则以及基于技能。例如，驾驶人需完成一个陌生城市道路交叉口的安全通行任务，其信息处理过程可被视为基于规则。将信息转化为具体驾驶行为动作的过程和结构在心理学中被称为认知。

2.2.3　驾驶人认知状态与情景意识

在驾驶认知行为研究中，应对认知状态以及导致特定状态的认知过程进行分析，并理解工作记忆、认知状态、记忆存储、认知过程之间的关系。结合前述驾驶人信息处理过程，与驾驶任务相关的信息处理始于对当前人车路系统态势的感知，之后对其进行理解，并对态势的发展情况进行预测。后两个过程属于 2.2.2 中所述信息加工处理过程，对应情景意识（Situational Awareness，SA）水平的Ⅱ级和Ⅲ级。在驾驶人的任务操作中，获得情景意识是驾驶人认知过程的重要内容。接下来本小节将通过情景意识及其对应的信息处理机制对其进行阐述。

信息处理是实现态势感知和连续决策的过程，在此过程中达到一定的情景意识水平对于正确合理的决策至关重要。驾驶失误致因的研究结果表明，在掌握了所有适当信息的情况下，驾驶人做出错误决策的可能性非常低，但若失去情景意识则极易造成驾驶失误。情景意识理论最早应用于航空领域，在任何复杂的动态环境下都适用，情景意识被广泛定义为：在特定的时间和空间内对环境中各种要素的感知，对其意义的理解以及对未来状态的预测。情景意识的形成主要分为三个阶段。

感知（SAⅠ级）：包括监控、线索检测和简单识别，即对环境要素及其状态的感知，这一级属于 2.2.2 中信息感知的范畴。

理解（SAⅡ级）：通过模式识别、解释和评估的过程将独立的要素进行合成，此外，还需了解新信息对个人目标产生的影响。

预测（SAⅢ级）：基于 SAⅡ级获得的信息对未来环境的要素及状态变化进行预测。

而完成了感知、理解和预测之后，决策行为将取决于以上三级 SA 水平的达成情况。三级 SA 水平与图 2-4 中人车路系统结构相对应，形成了如图 2-5 所示的情景意识水平模型，其中驾驶人是达成情景意识（三级）进行决策再到执行整个过程的主体，当驾驶人完成操作后，车辆与道路环境交互，产生新的情况，驾驶人再次认知、判断环境并操控车辆。驾驶人在整个过程中主要受到两方面因素的影响：一是驾驶任务和环境要素，包括工作负荷、外部刺激、车载系统的设计以及环境复杂程度等；二是驾驶人个体要素，包括驾驶目标、经验和能力等。达到一定的情境意识水平意味着驾驶人处于相应的认知状态，每级 SA 均显示驾驶人在执行驾驶任务时可以处于的状态。

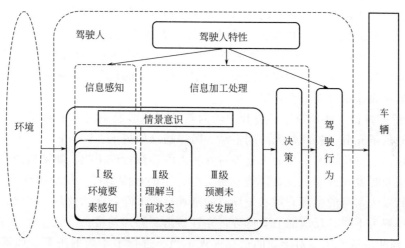

图 2-5　基于人车路系统的情景意识水平模型

情景意识水平的高低是直接决定驾驶行为安全性的重要指标，有研究发现情景意识的削弱对事故发生的影响比超速更为严重。因此，很多学者对情景意识检验方法进行了广泛深入的研究。目前，面向情景意识最常用的方法是情景意识全面评估技术（Situation Awareness Global Assessment Technique，SAGAT），驾驶人需要在驾驶模拟过程中（在测试情景结束时，实验暂停）回答关于情景意识的问题，如回忆其他车辆的位置、颜色等，据此进行评估。该方法具有较好的操作性，同时能够有效地检验驾驶人情景意识水平，因此被广泛应用于驾驶模拟器实验。

此外，驾驶人险情感知（Hazard Perception，HP）作为情景意识中重要内容，是指驾驶人发现道路交通环境中潜在危险的能力，并且可以作为预测事故风险的基础。目前，险情感知作为一种训练方式用于提升驾驶人识别道路交通危险的能力，该测试在部分国家已成为驾驶人考取驾驶执照的程序之一。险情感知能力的重要指标包括驾驶人的反应时间和注视行为。有研究表明，经验丰富的驾驶人其险情感知能力要明显优于新手驾驶人，一方面，经验丰富的驾驶人注意到道路危险情况的时间更短、效率更高，同时，对危险信息的处理和反应速度也更快；另一方面，经验丰富的驾驶人的注视行为表现更好，其对环境的观察更细致，尤其是一些存在潜在危险的区域。

2.3 驾驶失误

2.3.1 驾驶差错与驾驶失误

驾驶人信息加工的衰减性和处理能力的局限性，以及道路交通系统中诸多随机、模糊、突变因素的干扰，在各阶段驾驶行为形成主因子（对驾驶行为的形成起关键或主要作用的影响因素）的制约下而导致相应阶段驾驶行为的恶化，如果驾驶人未能对这些恶化状态予以恢复，由这些状态单独或共同累加而逐步形成驾驶差错，将潜伏事故的隐患。因此，驾驶差错可以定义为驾驶行为目的与实际驾驶行为效果之间的偏差，并且这种偏差能产生一定不良后果的现象。驾驶差错分为感知差错、判断决策差错以及动作差错三类。

① 感知差错。涉及道路环境和车辆的驾驶行为形成主因子中的某些因素，如驾驶视野的不充分、夜间灯光照明不足、障碍物（如树木、建筑物、其他车辆、急弯、陡坡）的遮挡以及不良的天气等对驾驶人的感知构成干扰。如果驾驶人未克服干扰、未及时发现或完全没有发现威胁安全行车的危险情况，便会出现感知差错。当然，驾驶人本身的生理心理状态导致的感观机能下降，例如疲劳、饮酒、年龄等引发的动视力下降、反应能力降低等，亦容易出现感知差错。

② 判断决策差错。对感知的信息处理不当，进行了不当的决策。如果驾驶人缺乏必要的安全行车知识，驾驶经验不足，就容易出现判断决策差错。此外，判断决策差错也与驾驶人的自身状态以及动机、态度有关。

③ 动作差错。驾驶人操纵车辆的不当易造成动作差错，如在紧急状况下因操作频率的增高而导致手脚不协调。

在驾驶差错出现后未能予以恢复且持续一定的时间而产生了极为严重的恶性后果，即被称为发生了驾驶失误。感知差错、判断决策差错、动作差错是驾驶人系统性驾驶失误的根本来源。现实交通环境中，驾驶人难免犯错，若自行调整恢复或通过其他道路使用者的快速反应进行相应补偿即可避免危险；但未发生上述行为，将导致驾驶失误，进而引发交通事变甚至交通事故。通过理解驾驶差错到驾驶失误的演化过程，结合驾驶任务，有研究表明，不同驾驶任务类型（层级）产生的驾驶失误概率不同，结果如表 2-6 所示。

表 2-6　驾驶任务与驾驶失误概率

驾驶任务类型	示例	驾驶失误概率
高度熟悉的活动	插入车钥匙(驾驶人未受酒精、药物影响)；沿熟悉路线驾驶	$p = 10^{-4} \cdots 10^{-5}$
熟悉的简单驾驶任务	操控车内开关(灯光、雨刮等)	$p = 10^{-2} \cdots 10^{-4}$
基于规则的驾驶任务	湿滑路面调整车速	$p = 10^{-1} \cdots 10^{-3}$

续表

驾驶任务类型	示例	驾驶失误概率
基于知识的驾驶任务	一般情况下的避险反应	$p = 10^{-1} \cdots 10^{-2}$
高度压力下进行的活动	发生紧急事故时的避险反应	$p = 0.1 \cdots 1$

驾驶失误的类型划分有多种方式，对应于驾驶感知差错、判断决策差错以及动作差错，驾驶失误可分为以下三类。

① 感知失误：未能予以恢复的感知差错所形成极为严重的恶性后果。

② 判断决策失误：未能予以恢复的判断决策差错所形成的极为严重后果，威胁行车安全。在判断决策过程中，由于驾驶人的认知能力、知识水平和驾驶经验等不足而使自己的动机与实际不相符合，因而出现判断决策失误，引起道路交通事故。例如，驾驶人在行车过程中要调整自身车辆与前方车辆的间距及速度，决定超车或并线，但是，对于出现的情况，驾驶人所进行的判断往往与实际情况有一定差异，不可能完全准确掌握实际情况。

③ 动作失误：未能予以恢复的动作差错所形成的极为严重的后果，主要指不能正确地操作踏板、方向盘、车载系统等。

此外，还可将驾驶失误分为随机失误和系统失误。在一些交通环境中，驾驶人的心理负荷达到一个非常高的水平，因而在面对具体情景时调用心智模型可能出现失败，基于这些方面的原因将会导致一些不可预测的事故。然而，现实情景中，大多数的驾驶失误是系统性失误，可以被进一步识别和研究，以充分避免。

根据驾驶人的信息传递规律以及内在处理机制，对常见的驾驶失误进行如表 2-7 所示分类。

表 2-7 驾驶失误分类

客观 丢失信息		视线受阻(其他车辆、植物、基础设施等) 视觉条件(夜晚、雨天、雪天、大雾、其他车辆的灯光等) 其他(漏掉交通标志等)
非客观 丢失信息	信息不 充分利用	忽视信息(内因或外因导致的分心、看到却并未注意、错误的注意力、信息过载等) 忘记信息(处理失效等) 有意识的违规(超速、不保持合适距离、不遵守交通标志逆向行驶等)
	信息错 误利用	错误估计(距离、速度、其他道路使用者的目标等) 错误的行为或目标(过于剧烈的转向等) 操作失误(弄混油门和刹车脚踏板的区别等)

2.3.2　基于驾驶失误的事故致因

驾驶失误的形成原因可分为表面原因、直接原因和间接原因。前文提到，感知差错、判断决策差错、动作差错是驾驶人系统性驾驶失误的根本来源。因此，驾驶失误形成的直接原因便是驾驶人的感知失误、决策判断失误和动作失误，是驾驶车辆时因驾驶行为形成主因子的制约而导致各阶段驾驶行为直接恶化的一种条件或状态；而间接原因则指由驾驶人生理心理因素导致的驾驶行为间接恶化的条件或状态。由此可知，道路交通事故的真正原因是从驾驶人的生理心理因素内部派生出来的，而且三者之间有复杂的联系，即间接原因影响直接原因，直接原因导致驾驶差错，而表面原因则是驾驶失误的行为外化表现形式，见表2-8。

表 2-8 道路交通事故的表面原因、直接原因与间接原因

驾驶失误成因	原因分类及占比				
	分类项目	人对车/%	车对车/%	车单独/%	高速公路
表面原因	违反安全速度	29.9		15.3	第1位
	注意力不集中	22.4	21.4	14.3	
	抄近路行驶	15.2	12.6		
	行人阻挡	14.5			
	违反交叉口减速及指定场所临时停车的规定		10.2		
	不保持车间距离		8.2		第3位
	方向盘操作不正确			20.9	第2位
	酒后/醉酒开车			11.7	
	制动操作不正确				第4位
直接原因	感知失误	约50%			
	判断决策失误	约40%			
	动作失误	约5%			
	其他	约5%			
间接原因	心理因素	性格,心理特征、要求得不到满足、烦恼、有心事等刺激过多			
	生理因素	视觉疲劳疾病			

在行车时，驾驶人对道路环境信息理解不正确、判断决策错误和动作不协调的概率并不是相同的，表现在事故致因分析中各阶段失误所引发事故的百分率具有十分显著的差异且以感知失误最高。表2-9所示数据为根据2032起因驾驶人责任而导致道路交通事故的分析结果，从中可以看出感知错误占54.18%，判断决策错误占35.88%，动作错误占9.15%，而其他所占比例最低，仅为0.789%。

表 2-9 2032 起道路交通事故致因分析结果

驾驶人直接原因	主要原因	事故数	占比/%
感知错误	没注意	520	25.59
	视野受阻	145	7.14
	分心	241	11.86
	注意力不集中	195	9.60
	小计	1101	54.18

续表

驾驶人直接原因	主要原因	事故数	占比/%
判断决策错误	对其他道路使用者(如行人、骑车人等)状况的判断错误	251	12.35
	对路面状态的判断错误	114	5.61
	预测车速错误	109	5.16
	车距、时间判断不准	96	4.72
	不当决策	158	7.82
	小计	729	35.88
动作错误	不当动作	117	5.76
	错误动作	69	3.40
	小计	186	9.15
其他(非事故、困倦等)	非事故	4	0.199
	困倦	12	0.590
	小计	16	0.789
总计		2016	100

2.4 危险驾驶行为

2.4.1 分心驾驶

驾驶人行车过程中进行驾驶次任务或驾驶副任务,在不同程度上会占用驾驶人完成主任务的视觉资源、听觉资源、认知资源和动作资源,使驾驶人的注意力被分散,而三分之一左右的交通事故都与各种形式的驾驶人注意力分散相关。分心是指人的心理活动在必要的时间内不能充分的指向和集中,或者完全离开当前事物而转移到无关事物上的心理状态。对应于驾驶分心则是指驾驶人的注意力从与驾驶安全相关的活动(主任务)转移到其他活动,导致驾驶人在与安全行车相关的活动上注意力不足或者缺失。统计表明,分心驾驶造成了20%的车道偏离碰撞事故和高达41%的致死率。

美国公路交通安全管理局(National Highway Traffic Safety Administration,NHTSA)将分心行为分为以下四类:视觉分心、听觉分心、认知分心、动作分心。在进行驾驶任务过程中,驾驶人主要通过视觉接受外界信息,因此当进行的次任务或副任务与视觉相关时,例如查看手机导航、查看社交软件信息等,驾驶人的视线从道路主路面转移,会导致驾驶人产生视觉分心,降低驾驶人的信息接收能力。当驾驶人不能接收到完整的支持其完成主任务安全驾驶的视觉信息时,行为绩效也会下降。同样的,驾驶人需要听觉器官配合接受来自外部的消息,当后车鸣笛时应让速,为特殊车辆(警车、救护车等)让行等。而驾驶人同时进行收听广播、音乐等行为都会使驾驶人产生听觉分心,同样对驾驶行为绩效有不利影响。认知分心主要是指驾驶人不能集中将认知资源投入到处理与驾驶主任务相关的信息中，当驾驶人使用手机进行通话、收听导航语音播报、与乘客进行交谈等，会导致驾驶人认知分心。认知分心对驾驶人的主要影响在于降低其处理外部信息的速度，当面对紧急情况时，极易因为反应超时导致事故的发生。一般来说，视觉分心和认知分心都会延长驾驶人识别目标物的时间，降低其识别率。简单的认知任务可以对缓解驾驶产生一定效果，但当认知任务强度较大并使分心达到一定水平时，则会干扰驾驶行为并影响驾驶安全。动作分心通常是指驾驶人一只手离开方向盘去操作电子设备的状态，例如开关空调、调节广播频道及音量大小等，此类分心行为伴随动作和部分视觉资源的占用。

驾驶人注意力水平较低状态与常态驾驶状态相比，在生理信号、眼动信息、驾驶绩效三个方面的表现有显著的特征差异。生理信号主要应用反应时间（RT）、脑电（EEG）、心电（ECG）、皮电信号（SC）、心率间隔（RRI）、呼吸速率等指标，可运用机器学习等算法，建立分类模型或分类器，但该类指标会受限于生理测量设备的使用。眼动信息主要观测驾驶人对刺激的觉察能力，体现反应时的状态。驾驶绩效主要侧重驾驶人对车辆控制能力的表现。眼动和驾驶绩效方面的驾驶分心特征指标如下。

（1）眼动信息

眼球移动信息可以反映驾驶人的注意力集中情况，主要考虑扫视和注视两类眼动状态，扫视是一项可以较好反映驾驶时注意力状态的信息，主要观测扫视的时间、速度、频率、距离和幅度，可通过视线偏离总时长、事件平均单次视线偏离时长、单次视线偏离时长小于 2s 的比例等指标对视觉分心进行判定。而注视点位置、注视点横纵坐标标准差、注视点或注视区的分布及其更新循环等特征，结合扫视速度、眨眼频率、瞳孔直径等参数（可同时结合生理特征参数），可实现对认知分心的识别。

（2）驾驶绩效

驾驶分心特征在车辆行驶过程中，主要体现在横向控制和纵向控制两方面的变化上：横向控制包括横向加速度、方向盘转角、车辆横摆角速度、车辆相对道路的横向位置等指标；纵向控制主要包括纵向车速、刹车及油门踏板操作、纵向加速度、跟车距离等指标。有研究表明，在驾驶分心状态下，会出现车速变化，甚至车辆驶出道路。视觉分心会导致驾驶人在车辆操控的横向偏移增加，注视道路时间缩短；而认知分心会使驾驶人的转向能力受到影响，但会提高驾驶中注视道路中心的频率，减小横向偏移。

不同类型的分心行为带来表现特征的影响也并不相同，存在视觉分心行为时，眼动信息和驾驶绩效评价上可以看出与正常驾驶较为明显的差异，其显著性较大，而存在认知分心行为时，其实验结果的一致性则相对较差，个体差异比较强。

驾驶分心的测量方法可以分为直接和间接测量两类，直接测量指直接观察驾驶人的视线变化，观察驾驶人目光离开道路的时间，间接测量则是通过任务的设置从侧面反应分心水平。常用的驾驶分心测量方法如下。

（1）眼动测量法

由于驾驶人视线偏离路面的时长是一个检测驾驶过程中是否分心以及分心程度的直观指标，眼动测量装置会实时记录驾驶人在驾驶过程中的眼动数据，如注视时间、扫视时间、注视次数和频率、扫视速度、头转等，通过分析眼动数据来检测分心状态。眼动测量法在技术水平不断提高的过程中经历很大变化，目前各类接触、非接触式眼动测量设备能够高效、准确地对眼动行为进行记录、分析、可视化处理。

（2）视觉遮挡测量法

视觉遮挡测量法同样是通过驾驶人视线离开路面的时间长度来表征分心，但与眼动测量法不同，它不直接采用获取眼动数据的方式，而是通过被试的遮挡时间来判断其分心情况和强度。通过设置一个可以由驾驶人人为控制的视觉遮挡装置来进行实验，记录驾驶中遮挡板开闭的时间长度，选用遮挡装置开启时间/间隔时间作为一项评价指标进行分析。

（3）外周视觉监测任务测量法

该方法不直接观测驾驶人视线在路面上的时长，而是通过观测驾驶人对设计在周围视觉的目标反应来衡量分心水平。该测量方法基于随着驾驶主任务对心理资源需求的增加而驾驶人剩余心理资源将大大减少的假设，在此过程中驾驶人对周围视觉实验目标物的反应速度和击中率下降。外周视觉监测任务测量法主要通过观测驾驶人对随机出现的目标的反应正确程度以及反应时间，作为观测指标评价剩余心理资源状况，如果反应正确程度高，反应时间短，则可以认为剩余心理资源较为充足，在当前情况下的分心对驾驶影响较小。

（4）多源信息融合分心检测法

该方法通过驾驶人生理心理指标监测，包括转头、眼动、面部表情、心率等，综合车辆 CAN（Controller Area Network）信号以及车路协同相关道路交通环境信号，甚至可引入驾驶人主观识别等，综合多源信息对驾驶分心进行判定。考虑到体表传感器会对驾驶行为产生一定干扰，因此非接触式信息采集装置的应用将能够有效减少此影响。

2.4.2 不良情绪驾驶

分心驾驶作为一种危险驾驶行为，严重影响道路交通安全，目前可观察到的次/副任务或其他因素的干扰已被广泛研究（如导航、手机的使用），但较难直接观察的干扰来源，如情绪唤醒等，国内外学者对其开展的研究相对较少。随着机动车保有量的增加，道路拥堵现象频繁，驾驶人在交通阻塞情况下行车压力与挫折所导致的愤怒情绪随之产生，即"路怒症"。情绪波动是每个驾驶人都会面临的问题，来自生产生活、性格习惯、道路环境、车内交互（设备、乘车人）各方面的因素诱发驾驶人的各种不良情绪，使其认知水平降低、行为状态产生变化，进而对驾驶绩效形成较大影响。

驾驶人不良情绪主要是指在 Russell 二维情绪模型中唤醒度和愉悦度较高、较低（或组合）状态的情绪，如唤醒度较高、愉悦度较高对应的兴奋情绪，唤醒度较高、愉悦度较低的愤怒情绪，以及唤醒度相对较低、愉悦度较低的悲伤情绪等。驾驶人的情绪可通过多种技术进行辨识，如主观评定、基于视频/图像处理技术、基于语音识别技术、脑电、近红外光谱技术（fNIRS）等进行面部状态分类或情绪识别。其中，一种广泛使用的情绪识别方法是通过面部表情编码系统（Facial Action Coding System，FACS）进行分析，FACS 采用 44 个能够独立运动的表情活动单元（AU）描述面部动作，这些单元与使面部表情改变的肌肉结构紧密相连。FACS 定义了六种基础情绪：惊奇、恐惧、厌恶、悲伤、高兴、愤怒，并以这六种情绪为基础，研究出了 33 种不同的表情倾向，涵盖了绝大部分肉眼可以分辨的面部表情，并且指出不同的面部表情可能出现在何种情绪状态中，便于研究者分类。FACS 系统为后来的情绪识别研究奠定了基础，尤其对于采用非接触式视频监控驾驶人状态的情况十分适用。

基于情绪成因，将驾驶人不良情绪分为由外因引发的不良情绪、由内因引发的不良情绪以及驾驶人自身特性展现的不良情绪三类。

第一类不良情绪通常由外部环境引起，如路侧广告牌上的某类信息、噪声、恶劣气候条件、交通拥堵，甚至其他道路使用者某些具有攻击性的行为等，都会使驾驶人呈现愉悦度较低、唤醒度较高的情绪，进而引发诸如偏离车道的驾驶失误或冲动性驾驶行为；除了上述情绪以外，外部环境也能够引发驾驶人愉悦度和唤醒度相对较高的情绪，如激动、兴奋等，而此类情绪也会降低驾驶人的绩效水平，亦属于不良驾驶情绪，影响驾驶人的纵横向车辆控制（车道保持、车速控制等）。

第二类不良情绪由驾驶人内因诱发，例如在日常工作生活中遭遇困境，面临压力，存在经济或人际关系问题等，使驾驶人在行车过程中存在失意、悲伤、痛苦等情绪，将会提高驾驶失误的比率以及导致碰撞事故风险增大。有学者通过人口、收入、行驶里程等参数分析，对驾驶人的生活状态、生活水平等进行研究并建立起与驾驶行为之间的关系。

第三类不良情绪主要是由驾驶人自身心理健康问题所引发的情绪状态，如焦虑、抑郁情绪等，会对驾驶绩效和行为安全产生负面影响。有研究表明，焦虑的驾驶人在进行视觉任务时失误率增加，如换道前未察看后视镜，以及焦虑造成驾驶人的注意力和记忆缺陷；而驾驶人在抑郁的情绪状态下，对交通事变风险的反应时间延长，发生碰撞事故的可能性大大增加。

如能够充分量化不同情绪状态对驾驶人产生的具体影响，那么，在行车过程中一旦识别出驾驶人的不良情绪，就可以采取措施调节改善驾驶人情绪，使其回到愉

悦度和唤醒度较为中立的专注、平和情绪状态中，并提供优化驾驶行为的最佳
策略。

参 考 文 献

[1] Michon，J. A. A critical view of driver bahavior models：what do we know，what should we do? In：L. Evans and R. C. Schwing. Human behavior and traffic safety [M]. Plenum Press，New York，1985.

[2] Ranney，T. Models of driving behavior：A review of their evolution [J]. Accident Analysis & Prevention. 1994，26（6）：733-750.

[3] Panou，M.，et al. Modelling Driver Behaviour in Automotive Environments. In：P. Carlo Cacciabue. Modelling Driver Behaviour in Automotive Environments [M]. Springer，2007：3-25.

[4] Cheng Q，Wang W，Jiang X，et al. Assessment of Driver Mental Fatigue Using Facial Landmarks [J]. IEEE Access，2019，7：150423-150434.

[5] Christ，et al. GADGET Final Report：Investigations on influence upon driver behavior-safety approaches in comparison and combination [R]. EU-project，Austrian Road Safety Board：Vienna，Austria，1999.

[6] Harvey C，Stanton N A，Pickering C A，et al. In-vehicle information systems to meet the needs of drivers [J]. International Journal of Human-Computer Interaction，2011，27（6）：505-522.

[7] 王颖. 基于人机交互仿真的驾驶次任务研究 [D]. 北京：清华大学工业工程系，2009.

[8] 王武宏. 车辆人机交互安全与辅助驾驶 [M]. 北京：人民交通出版社，2012.

[9] Rassl，R. Ablenkwirkung tertiärer Aufgaben im Pkw-Systemergonomische Analyse und Prognose [D]. Munich：Technischen Universität München，2004.

[10] 刘雁飞，吴朝晖. 驾驶 ACT-R 认知行为建模 [J]. 浙江大学学报（工学版），2006（10）：3-8.

[11] Han I，Yang K S . Characteristic analysis for cognition of dangerous driving using automobile black boxes [J]. International Journal of Automotive Technology，2009，10（5）：597-605.

[12] Underwood G. Visual attention and the transition from novice to advanced driver [J]. Ergonomics，2007，50（8）：1235-1249.

[13] Cohen，A. and Hirsig，R. Zur Bedeutung des fovealen Sehens fur die Informationsaufnahme bei hoher Beanspruchung [M]. In：Derkum，H. Sicht und Sicherheit im Straßenverkehr，1990.

[14] Gruendl，M. Fehler und Fehlverhalten als Ursache von Verkehrsunfällen und Konsequenzen für das Unfallvermeidungspotenzial und die Gestaltun von Fahrerassistenzsystemen [D]. Regensburg：Universtät Regensburg，2005.

[15] Endsley M R. Design and evaluation for situation awareness enhancement [C]. //Human Factors and Ergonomics Society Annual Meeting Proceedings，1988：97-101.

[16] Fisher D L，Carid J K，Rizzo M，et al. Handbook of Driving Simulation for Engineering，Medicine and Psychology [M]. London：CRC Press，2011：265-272.

[17] Kaber D，Zhang Y，Jin S，et al. Effects of hazard exposure and roadway complexity on young and older driver situation awareness and performance [J]. Transportation Research Part F：Traffic Psychology and Behaviour，2012，15（5）：600-611.

[18] Meir A.，Borowsky A.，Oron-Gilad T. Formation and evaluation of Act and Anticipate Hazard Perception Training（AAHPT）intervention for young novice drivers [J]. Traffic Injury Prevention，2014，15（2）：172-180.

[19] Horswill M S，Anstey K J，Hatherly C G，et al. The crash involvement of older drivers is associated with their hazard perception latencies [J]. Journal of the International Neuropsychological Society，2010，16：

939-944.

[20] Banbury S，Tremblay S. A cognitive approach to situation awareness：Theory and application [M]. UK：Ashgate，2004：155-175.

[21] PLAVŠIĆ M，KLINKER G，BUBB H. Situation awareness assessment in critical driving situations at intersections by task and human error analysis [J]. Human Factors and Ergonomics in Manufacturing & Service Industries，2010，20（3）：177-191.

[22] 赵金宝，邓卫，王建. 基于贝叶斯网络的城市平面交叉口交通事故分析 [J]. 交通信息与安全，2012，30（2）：88-91.

[23] RASMUSSEN J. The definition of human error and a taxonomy for technical system design [M]. New technology and human error，Wiley，1987.

[24] Sussman E D，Bishop H，Madnick B，Walter R. Driver inattention and highway safety [J]. Transportation Research Record，1985，（1047）：40-48.

[25] Wang J S，Knipling R R，Goodman M J. The role of driver inattention in rashes：New statistics from the 1995 Crashworthiness Data System [C] // 40th Annual Proceedings of the Association for the Advancement of Automotive Medicine，1996，377-392.

[26] 石涌泉，郭应时，马勇，袁伟. 融合分心维度的驾驶行为可靠性研究 [J]. 中国安全科学学报，2015（02）：17-21.

[27] May J G，Kennedy R S，Williams M C，et al. Eye movement indices of mental workload [J]. Acta Psychologica，1990，75（1）：75-89.

[28] Liang Y，Lee J D. Combining cognitive and visual distraction：Less than the sum of its parts [J]. Accident；analysis and prevention，2010，42（3）：881-890.

[29] 刘硕，王俊骅，方守恩. 地下道路横断面对驾驶行为的影响 [J]. 同济大学学报（自然科 学版），2013，41（8）：1191-1196.

[30] 郝瑞娜. 基于驾驶心理的高速公路隧道安全策略研究 [D]. 西安：长安大学，2011.

[31] Zhang H，Smith. Identication of real-time diagnostic measures of visual distraction with an automatic eye tracking system [J]. human factors，2006a，48（4）：805-821.

[32] Donmez B，Boyle L，Lee J D. Taxonomy of Mitigation Strategies for Driver Distraction [J]. Human Factors and Ergonomics Society Annual Meeting Proceedings，2003，47（16）：1865-1869.

[33] 巩建国，赵琳娜. 分心驾驶行为演变与防治对策研究 [J]. 汽车与安全，2015（11）：69-72.

[34] 张明浩. 高速公路视觉景观对行车安全的影响研究 [D]. 重庆：重庆交通大学，2016.

[35] Zhou H，Itoh M，Inagaki T. Influence of cognitively distracting activity on driver's eye movement during preparation of changing lanes [C] // SICE Annual Conference，2008. IEEE，2008.

[36] 刘宁，张侃. 驾驶分心的测量方法 [J]. 人类工效学，2007，13（2）：38-40.

[37] 廖源. 基于多源信息融合的驾驶人分心监测研究 [D]. 北京：清华大学，2015.

[38] 赵博，马钧. 驾驶人分心监测方法探究 [J]. 农业装备与车辆工程，2016，54（3）：59-61.

[39] Russell，James A. A circumplex model of affect. [J]. Journal of Personality and Social Psychology，1980，39（6）：1161-1178.

[40] Ihme K，Unni A，Zhang M，et al. Recognizing frustration of drivers from face video recordings and brain activation measurements with functional near-infrared spectroscopy [J]. Frontiers in human neuroscience，2018，12：327.

[41] Li N，Busso C. Analysis of facial features of drivers under cognitive and visual distractions [C] //2013 IEEE International Conference on Multimedia and Expo (ICME). IEEE，2013：1-6.

[42] P. Ekman and W. V. Friesen，Facial Action Coding System：A Technique for Measurement of Facial

Movement [M]. Consulting Psychologists Press; San Francisco, 1978.

[43] Grimm M, Kroschel K, Harris H, et al. On the necessity and feasibility of detecting a driver's emotional state while driving [C] //International Conference on Affective Computing and Intelligent Interaction. Springer, Berlin, Heidelberg, 2007: 126-138.

[44] Cunningham M L, Regan M A. The impact of emotion, life stress and mental health issues on driving performance and safety [J]. Road & Transport Research: A Journal of Australian and New Zealand Research and Practice, 2016, 25 (3): 40.

[45] 王颖, 刘瑞雪, 姜祝伟等. 车载智能终端使用行为及人机交互安全研究 [J]. 工业工程与管理, 2014, 3: 141-146.

第3章
纵向驾驶行为分析

传统纵横向驾驶行为分析方法历经长期的探索与发展，作为重要理论基础支撑着当前智能汽车控制/辅助系统在行驶方向上实现对障碍物的自动识别和报警，以及自动转向、制动、保持安全间距等避撞功能。在实际行车过程中，由于驾驶人90%的时间与95%的里程都在进行直线行驶，进一步体现了纵向（沿道路方向操纵车辆）驾驶行为安全的重要性。纵向驾驶行为主要由自由驾驶和跟驰驾驶行为组成：自由驾驶时由于前方无其他车辆的影响，驾驶人可以按照其期望车速行驶；随着驾驶人逐渐接近前方车辆，当车间距小于某临界值时，驾驶人无法自由选择行驶速度而是根据前车的运动状态进行相应的操作，此时车辆将进入跟驰驾驶状态。由于跟驰状态存在车辆间的相互影响和作用，会导致交通运行状况受到影响，且有研究表明，近一半的交通事故是由于驾驶人跟车距离过近导致的，因此本章将重点对纵向跟驰行为及模型进行阐述。

3.1 纵向驾驶行为基本特性

3.1.1 纵向运动安全特性分析

作为最主要的驾驶行为之一，在跟驰这一研究领域中，大多数跟车模型采用车头间距和安全控制算法。通用汽车实验室提出利用前后车位置、速度和加速度实测数据估计驾驶人反应的跟驰模型。Gipps 提出考虑其他可变因素的安全距离模型。而心理-生理模型（AP 模型）是一种基于个体心理特征的车辆跟驰模型，在微观交通仿真研究中得到应用。Corridor Traffic Simulation Model（CORSIM）模型也是较为常用的模型之一，其核心在于使用几个复杂的跟随公式来描述车辆行驶过程。但是当多车跟随时，CORSIM 模型不能体现不同跟车情况下交通流特征的变化情况。为了发展微观交通流算法，美国交通部开展了 NGSIM（Next Generation

SIMulation）项目研究。该项目提出了几种基于实地交通数据的跟驰行为算法并开发出一个协作环境。2018年，德国亚琛工业大学汽车工程研究所发布HighD数据集，作为相较于NGSIM更为精确的自然车辆数据集轨迹，亦可广泛使用于交通流和驾驶模型研究。此外，还有学者提出基于模糊推理、元胞自动机、神经网络和交通动力学等的跟驰模型。总之，在过去的几十年中，车辆跟驰模型的发展经历了从早期确定性关系到现在随机关系的跨越。这些车辆跟驰模型及其验证工作为驾驶行为和交通安全的研究做出了重要贡献。

值得注意的是，理解驾驶人的动态行为主要通过描述同车道上前车和跟随车之间纵向速度—距离关系来逐步深入。驾驶人是否加速取决于以下几种因素：前车与目标车间距离、前车和目标车的速度、目标车的期望速度、区域内交通流特性等。如果驾驶人面对正常状态，只需简单的考虑就能做出适当的决策；如果面对复杂交通状态，驾驶人需要处理复杂信息并且理性地做出决策。因此，进行跟驰行为的分析与建模时，应尽量考虑驾驶状态感知和驾驶人选择反应时间。

有关车辆跟驰过程中驾驶行为分析的研究一部分从视觉和心理感知阈值角度来展开，这些研究虽然取得了一些成果，并且已经应用到跟驰建模中。但是，只研究了少数几种工况下的跟驰行为，缺乏构建通用的模型。再者，没有充分验证这些模型能否正确模拟道路交通中的实际跟驰行为。由于驾驶人对相对速度的判断能力跟相对距离成反比，即很难实时跟踪前车，所以跟驰模型包含一些对模糊行为的假设，即不能清晰地描述跟驰行为。因此，现有跟驰模型存在一定的不足，例如不能正确合理地描述跟随过程中驾驶差错恢复能力等。事实上，构建跟驰模型需要多学科的交叉，包含交通工程、人因工程、信息技术等，依旧需要具有不同知识背景和工程技术经验的研究者进行更深一步的探索。

由于目标车通常跟随前车的轨迹，并对前车的刺激做出滞后响应，因此，研究车辆跟驰行为建模，就是分析安全跟随过程并用数学和统计理论来对其进行量化。驾驶人接近行为的仿真模型对确定车辆的智能巡航控制策略至关重要，因此深入了解驾驶人跟车行为和制动过程对车辆间动态联系的安全评估非常有必要。制动过程通常分为三阶段：匀速行驶、加快减速和持续制动阶段。前两个阶段的制动距离很容易确定。但在第三个阶段中，跟随车通常首先采用最大减速度行驶，继而调整减速度以适应前车的行驶。由于以往的研究中，对第三阶段跟随车的减速度考虑不尽合理，且安全距离均是基于某些假设计算，严重影响了跟驰模型的实用性。为了充分描述该阶段的驾驶行为，在进行第三阶段的制动距离建模时，应合理体现跟随车总是期望与前车保持相同的车速这一前提。

纵向驾驶行为安全可以通过具体的实验来进行识别，这里可以用碰撞时间（TTC）来描述并度量。由于车辆是以一定的时距跟随的，可以用时间间隔

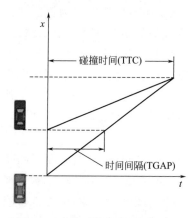

图 3-1 碰撞时间与跟驰时间间隔

（TGAP）来描述。一般说来，时间间隔最好是 2s，且不应该低于 1.2s。碰撞时间（TTC）取决于前车发生碰撞时较低的速度，如图 3-1 所示。有学者的研究结果显示，最小的 TGAP 值为 0.6s，TTC 的临界值是 5s。

3.1.2　跟驰驾驶行为特性

驾驶人在同一车道内遭遇前方行驶车辆后，不得不跟随前方车辆，形成队列行驶状态，此时驾驶行为受前车影响，或在车车协同（V2V）状态下受队列中前方若干辆车辆运动状态的影响，驾驶人据其行车信息采用相应车速，以保持安全车距。跟驰状态下驾驶行为具有如下特性。

制约性：车辆行驶过程中，驾驶人总是期望获得理想行驶速度，即使是在跟驰行驶过程中也不愿意落后很多，而是紧随前车前进，这就是紧随要求。但是这种紧随行驶要求受到安全条件的限制，一方面是目标车的车速不能长时间大于前车的车速，而只能在前车速度附近摆动，否则会发生碰撞，这就是车速条件；另一方面是车与车之间必须保持一个安全距离，即前车制动时，两车之间有足够的距离，从而有足够的时间供目标车驾驶人做出反应，采取制动措施，这是间距条件。显然，车速越高，制动距离越长，安全距离也相应加大。

延迟性：从跟驰行驶的制约性可知，跟驰车辆的运动状态会随着前车运动状态的变化而变化。由于驾驶人感知和反应时间的存在，导致两车运行状态的改变不是同步的，而是目标车运行状态的改变滞后于前车。跟驰驾驶行为一般可以分为三个阶段：首先，驾驶人通过视觉搜集相关信息，包括前车的速度、加速度、车间距离、相对速度等；进而驾驶人对所获得信息进行分析，决定跟车策略；最后，驾驶人根据跟车决策以及前车、道路的状况，对车辆进行操纵控制。这三个阶段所需的时间称为反应时间。假设反应时间为 T，前车在 t 时刻的动作，目标车要经过 $(t+T)$ 时刻才能做出相应的动作，这就是延迟性。

传递性：由制约性可知，第一辆车的运行状态制约着第二辆车的运行状态，第二辆车又制约着第三辆车，……，第 n 辆车制约着第 n+1 辆。一旦第一辆车改变运行状态，它的效应将会逐一向后传递，直到最后一辆，这就是传递性。而这种运行状态改变的传递又具有延迟性。这种具有延迟性地向后传递的信息不是平滑连续，而是像脉冲一样间断连续的。

制约性、延迟性和传递性是车辆跟驰行驶过程的基本特征，同时也是车辆跟驰模型建立的理论基础。

3.2 跟驰行为模型

3.2.1 刺激—反应模型

跟驰模型的发展已有数十年的历史，通过大量的数学模型来描述一般情况下的车辆跟随行为，这些模型大多基于刺激—反应的框架，该框架假设每个驾驶人对给定刺激的响应关系如下：

$$反应 = 刺激 \times 敏感系数$$

国内外研究人员使用不同的因素作为刺激来解释驾驶人的反应（加速），这其中，GM 模型是最重要的刺激—反应模型。Gazis、Herman、Rothery 给出了 GM 模型的通用表达式，也称为 GHR 模型，其公式如下：

$$a_n(t+T) = \frac{\lambda v_n^m(t+T)}{[x_{n-1}(t) - x_n(t)]^l}[v_{n-1}(t) - v_n(t)] \tag{3-1}$$

式中，$a_n(t+T)$ 为第 n 辆车在 $t+T$ 时刻的加速度，m/s^2；$x_n(t)$ 为第 n 辆车在 t 时刻的位移，m；$v_n(t)$ 为第 n 辆车在 t 时刻的速度，m/s；λ 为敏感系数；T 为反应时间，s；m、l 为待标定系数。

这个模型的基本假设为：驾驶人的加速度与两车之间的速度差成正比，与两车的车头间距成反比，同时与自身的速度也存在直接的关系。GM 模型清楚地反映出车辆跟随行驶的制约性、延迟性和传递性。

GM 跟驰模型形式简单，物理意义明确，因此许多后期的跟驰理论研究都源于其建立的刺激—反应的基本方程。研究人员在标定和验证 GM 模型方面作了大量的工作，但是也在确定系数 m 和 l 的研究中发现了一些矛盾之处。造成矛盾的原因可能有两个：第一，跟驰行为受交通条件和交通状态的影响程度较大；第二，大量的研究和试验都是在低速和时走时停状态的交通流中进行，而这种状态的交通流不能很好地反映一般的跟驰行为。研究人员对 GM 跟驰模型进行的相关研究成果如表 3-1 所示。

表 3-1　GM 跟驰模型最优参数组合汇合表

来源	m	l	方法
Chandler 等(1958)	0	0	微观
Gazis，Herman and Potts(1959)	0	1	宏观
Herman and Potts(1959)	0	1	微观
Helly(1959)	1	1	宏观
Gazis 等(1961)	0~2	1~2	宏观
May and Keller(1967)	0.8	2.8	宏观
Heyes and Ashworth(1972)	−0.8	1.2	宏观
Hoefs(1972)(非减速停车、减速停车、加速)	1.5/0.2/0.6	0.9/0.9/3.2	微观
Treiterer and Myers(1974)(减速、加速)	0.7/0.2	2.5/1.6	微观
Ceder and May(1976)(单阶段)	0.6	2.4	宏观
Ceder and May(1976)(非拥挤、拥挤)	0/0	3/0~1	宏观
Aron(1988)(减速、稳定跟驰、加速)	2.5/2.7/2.5	0.7/0.3/0.1	微观
Ozaki(1933)(减速、加速)	0.9/−0.2	1/0.2	微观

由于 GM/GHR 模型是基于前述的假设，因此具有明显的局限性，例如，相同的反应时间不能反映驾驶人之间的异质性，模型设计过高地估计了驾驶人对于环境中微小扰动或微小变化（间距、相对速度的微小变化）的感知能力，以及模型的参数估计并没有考虑不同情况下（加速、减速）的行为差异。考虑到以上局限性，许多学者对模型进行了扩展。

（1）基于加减速行为差异性

假设大多数车辆的减速能力大于加速能力，尤其在交通密度较大的情况下，相比于加速，驾驶人对减速更加敏感，因此有学者扩展了 GHR 模型以适应这种加减速行为不对称的情况，同时，也考虑了驾驶人在反应时间方面的差异性。此外，研究通过车头时距阈值对驾驶人自由行驶状态和跟驰状态进行区分，当 $h_n(t-\tau_n) \leqslant h_n^*$ 时，即当车头时距小于临界车头时距（阈值）时，驾驶人解除自由行驶状态进入跟驰行驶状态。模型如式（3-2）所示。

$$a_n^{cf \cdot g}(t) = a^g \frac{V_n(t-\varphi\tau_n)^{\beta g}}{\Delta X_n(t-\varphi\tau_n)^{\gamma g}} k_n(t-\varphi\tau_n)^{\delta g} \Delta V_n(t-\varphi\tau_n)^{\rho g} + \varepsilon_n^{cf \cdot g}(t) \qquad (3-2)$$

$$a_n^{ff \cdot g}(t) = \lambda^{ff} \left[\widetilde{V}_n(t-\tau_n) - V_n(t-\tau_n) + \varepsilon_n^{ff}(t) \right]$$

式中，cf 和 ff 分别为跟驰状态和自由行驶状态；$g \in [\text{加速，减速}]$；$k_n(t-\varphi\tau_n)$ 为在 $(t-\varphi\tau_n)$ 时刻驾驶人前方交通密度（视距 100m）；φ、λ 为敏感系数，$\varphi \in [0, 1]$；$\widetilde{V}_n$ 为驾驶人期望速度；ε_n^{cf} 和 $\varepsilon_n^{ff \cdot g}$ 为跟驰状态和自由行驶状态下正态分布的误差项。

然而有学者（Koutsopoulos 和 Farah 等）发现 GHR 模型的假设，即驾驶人在前后车相对速度差为正时加速、速度差为负时减速这样的情况存在一定模糊性，并根据 NGSIM 数据将 GHR 模型扩展到三种驾驶状态：加速、平稳和减速。

（2）基于记忆函数

根据上一章驾驶人认知规律可知，记忆是驾驶人的重要认知特性，在行车过程中，驾驶人是在一段时间内而不是在一瞬间对前车的相对速度做出反应，因此，Lee 在线性 GHR 模型中引入了记忆函数来存储跟驰状态相对速度信息，如式（3-3）所示。

$$a_n(t) = \int_0^t M(t-s) \Delta V_n(s) ds \qquad (3-3)$$

式中，M 为记忆函数，表示驾驶人对驾驶信息的处理方式，类似加权函数；s 为驾驶人对前一阶段驾驶行为的记忆时间。

Lee 提出了多种形式的记忆函数，并分析了由此产生的响应对前车速度周期性变化的稳定性。虽然该模型能够对驾驶人认知特性进行描述，消除了加速度曲线中不真实的峰值，但在模型计算中需要考虑前一阶段驾驶行为相关信息，因此在交通仿真中的实现较为复杂。

(3) 基于多车交互

前两类的扩展模型均基于驾驶人只对前车做出反应的情况，而在实际行车过程中，驾驶人会受到多类因素的影响，例如队列前方的多辆机动车等。多车交互最初由 Herman、Rothery 以及 Bexelius 提出，增加了前方 m 辆车的敏感系数项，模型表示如下。

$$a_n(t) = \sum_{i=1}^{m} a_i \Delta V_{n,n-1}(t - \tau_n) \tag{3-4}$$

式中，$\Delta V_{n,n-1}(t - \tau_n)$ 为驾驶人与前方第 i 辆车在 $(t - \tau_n)$ 时的相对车速；a_i 为驾驶人对前方第 i 辆车的敏感系数。

一般来说，距离驾驶人越远的前车对驾驶人产生的影响越小，在实际应用中可以只考虑前方 3 辆车辆的影响。

还有诸多学者对刺激—反应理论模型的发展做出了重要贡献。前述模型中刺激的类型主要是相对车速，而 Newell 提出了以车头间距作为刺激的非线性跟驰模型。

$$V_n(t) = V_{max}\{1 - \exp[-\lambda(\Delta X_n(t - \tau_n) + d)/V_{max}]\} \tag{3-5}$$

式中，V_{max} 为最大车速或自由流车速；d 为最小车头间距；λ 为系数。

Newell 对加速和减速决策采用不同的函数形式，由于该模型受车流密度（车间距）影响，因此有可能导致驾驶人不当的加速或减速。为了解决这个问题，Bando 等通过控制速度的变化来修正 Newell 模型。

综合驾驶人受车速和车头间距两者刺激的影响，Helly 引入了一个新的假设，即每个驾驶人都有一个期望的跟车距离，驾驶人寻求将速度差和实际车头时距与期望车头时距的差值最小化。Helly 模型的函数形式如式(3-6) 所示。

$$a_n(t) = a_1 \Delta V_n(t - \tau_n) + a_2[\Delta X_n(t - \tau_n) - \Delta \widetilde{X}_n(t)]$$

$$\Delta \widetilde{X}_n(t) = \beta_1 + \beta_2 V_n(t - \tau_n) + \beta_3 a_n(t - \tau_n) \tag{3-6}$$

式中，a_1、a_2、β_1、β_2、β_3 为系数；$\Delta \widetilde{X}_n$ 为期望跟车距离，是车速与加速度的函数。

后续有研究表明期望跟车距离仅与车速相关（$\beta_3 = 0$）。Helly 模型与 GHR 模型的非线性扩展形式如下。

$$a_n(t) = a_1 \frac{\Delta V_n(t - \tau_1)}{\Delta T_n(t - \tau_1)^l} + a_2 \frac{[\Delta X_n(t - \tau_2) - \Delta \widetilde{X}_n(t)]}{\Delta X_n(t - \tau_2)^m} - \gamma \sin \varphi + \lambda[\widetilde{V}_n - V_n(t - \tau_3)] \tag{3-7}$$

式中，τ_1、τ_2、τ_3 为时间间隔；φ 为坡度差；$\widetilde{V}_n$ 为期望车速；a_1、a_2、γ、λ、l、m 为系数。

模型的第一项表示标准驾驶状态，第二项表示从标准排队开始的加减速状态，第三项控制坡度的影响，第四项表示自由流状态。

3.2.2 安全距离模型

安全距离模型基于牛顿运动学公式，假设驾驶人期望与前车保持安全的距离，在前车突然制动时，驾驶人能有时间做出反应并减速停车以避免发生碰撞。安全距离模型最早由 Kometani 和 Sasaki 提出，在模型中，驾驶人寻求与前车保持最小安全距离，如式(3-8) 所示。

$$\Delta X_n(t-\tau_n)=\alpha V_{n-1}^2(t-\tau_n)+\beta V_n^2(t)+\gamma V_n(t)+d \tag{3-8}$$

式中，V_n 与 V_{n-1} 分别为目标车与前车的速度；α、β、γ 为系数；d 为不发生碰撞的最小停车距离。

广泛认可的安全距离模型是由 Gipps 开发的，模型包括两种驾驶状态：自由流状态和跟驰状态。驾驶人从两种状态的速度中选择较小的一种，如式(3-9) 所示。

$$V_n(t+\tau_n)=\min\begin{cases} V_n(t)+2.5\tilde{a}_n\tau_n[1-V_n(t)/\tilde{V}_n][0.025+V_n(t)/\tilde{V}_n]^{1/2} \\ \tilde{b}_n\tau_n+\sqrt{\tilde{b}_n^2\tau_n^2-\tilde{b}_n\left\{2[\Delta X_n(t)-S_{n-1}]-V_n(t)\tau_n-\dfrac{V_{n-1}(t)^2}{\hat{b}}\right\}} \end{cases}$$

$$\tag{3-9}$$

式中，$\tilde{a}_n$ 为驾驶人期望加速度；$\tilde{b}_n$ 为期望减速度；S_{n-1} 为第 $n-1$ 辆车的有效车长（车长加上安全距离）；$\hat{b}$ 为根据前车减速度 b_{n-1} 估算的减速度；$\tilde{V}_n$ 为第 n 辆车的期望车速；驾驶人反应时间 τ_n 为常数。

除了前车使用更大的减速度（如 $b_{n-1}>\hat{b}$）、前车换道以及另一辆车（在目标车与前车之间）并入的情况以外，在大多数情况下自由流状态和跟驰状态能平稳过渡。Gipps 模型在运动学模型的基础上加入了一些行为参数，如期望加速度、期望减速度和期望车速、反应时间以及对前车减速度的估计，该模型已在许多仿真模型中得到了应用，如 CORSIM、NETSIM 等。

3.2.3 优化速度模型

优化速度模型（Optimal Velocity，OV）是驾驶人纵向行为模型中非常重要的一类，其本质上也是一类刺激—反应模型，最先由 Bando 提出，模型假设驾驶人的优化车速与车头间距有关，且驾驶人跟驰加速度受到根据车头间距优化后的期望车速，以及目标车速的影响，模型表达式如下。

$$a_n(t)=\alpha\{V_n^{opt}[\Delta X_n(t)]-V_n(t)\} \tag{3-10}$$

式中，α 为敏感系数；V_n^{opt} 为优化速度函数，即

$$V_n^{opt}[\Delta X_n(t)]=V_0\left\{\tanh\left[\frac{\Delta X_n(t)-L_{n-1}}{b}-C_1\right]+C_2\right\} \tag{3-11}$$

式中，L_{n-1} 为前车车长，以 5m 计算；当车速为 V_0 时长度为 b；C_1、C_2 为系数。

后续将驾驶人反应时间 τ_n 进一步考虑在内后，模型修正为：

$$a_n(t)=\alpha\{V_n^{opt}[\Delta X_n(t-\tau_n)]-V_n(t-\tau_n)\} \tag{3-12}$$

如 3.2.1 小节中所述，Bando 提出优化速度模型以修正 Newell 模型中的不当加减速问题，但根据实测数据，该问题仍不可避免，主要原因是最优速度与车辆跟随距离有关。因此，Helbing 在 OV 模型中加入了速度差，提出"广义力"模型（Generalized Force，GF）。

$$a_n(t)=\alpha\{V_n^{opt}[\Delta X_n(t)]-V_n(t)\}+\lambda[\Delta V_n(t)]H[-\Delta V_n(t)] \tag{3-13}$$

式中，H 为 Heaviside 阶梯函数，当前车车速低于目标车车速时值为 1，否则为 0；λ 为敏感系数。

Jiang 等考虑正负速度差对驾驶人的影响，在 GF 模型的基础上提出了全速度差（Full velocity difference，FVD）模型，如式（3-14）所示。

$$a_n(t)=\alpha\{V_n^{opt}[\Delta X_n(t)]-V_n(t)\}+\lambda[\Delta V_n(t)] \tag{3-14}$$

此外，同样有学者从多车交互的角度对 OV 模型进行扩展，Lenz 提出如下模型。

$$a_n(t)=\sum_{i=1}^{m}\alpha_i\left[V_n^{opt}\left(\frac{\Delta X_{n,n-i}(t)}{i}\right)-V_n(t)\right] \tag{3-15}$$

式中，$\Delta X_{n,n-i}(t)$ 为目标车辆在时刻 t 与前方第 i 辆车的间距。

当 $m=1$ 时，上述方程可化为原 OV 模型，最优速度函数与 OV 模型相同。与原模型相比，考虑多车交互的情况能够增加模型的稳定性。

3.2.4 智能驾驶模型

德国研究人员 Treiber 等提出的智能驾驶模型（Intelligent Driver Model，IDM）也是一类非常重要的跟驰模型。该模型只需要用少数有明确意义的参数来表示，这些参数易于标定，因而可以用实测数据进行参数拟合。此外，该模型能够统一描述从自由流到拥堵流的不同状态。其形式为：

$$a_n(t)=a\left\{1-\left[\frac{v_n(t)^\delta}{v_0}\right]-\left\{\frac{s_n^*[v_n(t),\Delta v_{n,n-1}(t)]}{s_a}\right\}^2\right\}$$

$$s_n^*[v_n(t),\Delta v_{n,n-1}(t)]=s_0+v_n(t)T+\frac{v_n(t)\Delta v_{n,n-1}(t)}{2\sqrt{ab}} \tag{3-16}$$

式中，$v_n(t)$ 为第 n 辆车在 t 时刻的速度；$\Delta v_{n,n-1}(t)$ 为第 n 辆车与前车（第 $n-1$ 辆车）的速度差；v_0 为理想驾驶速度；s_a 为第 n 辆车与第 $n-1$ 辆车在 t 时刻的距离；s_n^* 为当前状态下驾驶人的期望间距；s_0 为静止安全距离；T 为安全车头时距；a 为起步加速度；b 为舒适减速度；$\delta(\delta>0)$ 为加速度指数。

当交通流密度非常小、车头间距非常大时，车辆进入自由驾驶状态。此时 IDM 模型退化为：

$$a_n(t) = a\left\{1 - \left[\frac{v_n(t)}{v_0}\right]^\delta\right\} \tag{3-17}$$

表明车辆以加速度 a 开始加速，速度逐渐增加直至达到自由流速度。可见，模型能够描述交通流密度较低时的自由流状态，其中参数 δ 控制车辆的加速度随速度的变化情况：当 $\delta \rightarrow +\infty$ 时，车辆以恒定加速度 a 加速到理想驾驶速度 v_0；否则这种加速行为将由松弛时间 $\tau = v_0/a$ 决定。当 $\Delta v_{n,n-1}(t) > 0$ 时，表示前后车间距减小，目标车正在接近前车，此时驾驶人需要调整速度以增大车间距；当 $\Delta v_{n,n-1}(t) < 0$ 时，则表示前后车之间距离增大，驾驶人可提高车速缩小间距。

前述 IDM 模型能够体现期望距离随着交通状况不同而改变的"智能"特征，但模型中并未考虑驾驶人反应时间的影响。此后，Treiber 和 Helbing 充分考虑了驾驶人的特性尤其是记忆特性，利用记忆函数反映驾驶人对交通环境的适应和调整情况，修正了 IDM 模型，该修正模型被称为 IDMM（IDM with Memory）。模型的假设为，在密度较高的车流环境中行驶一段时间后，驾驶人在一定程度上会增大车头时距以适应拥堵状况，即主观服务水平将影响安全距离的决策。因此，式 (3-16) 中安全时距 T 可修正为：

$$T(\lambda) = \tilde{T}[\beta_T + \lambda(1-\beta_T)]$$
$$\beta_T = T_{jam}/\tilde{T} \tag{3-18}$$

式中，β_T 是适应度因子；主观服务水平 λ 则是在驾驶人适应时段（一般为 600s）内瞬时服务水平的指数滑动平均值。

3.2.5　元胞自动机模型

元胞自动机（Cellular automata，CA）是由大量简单一致的个体通过局部联系组成的离散、分散及空间可扩展系统，最早由 Neuman 提出，通过微观描述精确再现一个复杂系统的宏观行为。在 20 世纪 80 年代 CA 模型由 Cremer、Wolfram 等人在交通研究领域进行推广应用，此后元胞自动机成为重要的研究热点，已在各分支领域发展出了多类模型。

典型的 CA 模型由四个关键要素组成：物理环境、单元状态、单元邻域以及局部转换规则。Wolfram 提出的 184 号规则即是最简单的 CA 跟驰模型原型：由一维网格（元胞）组成的单车道路段上，t 时刻一个元胞为空，而其左侧元胞有车（不为空），则 $t+1$ 时刻左侧元胞上的车流向右行驶占据该元胞；如果一个元胞以及其右侧相邻元胞均被车辆占据，该元胞上的车流就因前方没有行驶空间而停留在原地不动。其中，网格和时间被离散化为等长的单元，通常分别等于车辆的长度和驾驶人的平均反应时间，每个单元的状态可以是 0（空）或者 1（占用），每个元胞能且只能被一辆车占用。

1992 年，在 Wolfram184 规则的基础上，Nagel 和 Schreckenberg 提出了著名

的 NaSch 模型，每辆车的状态都由它的速度和位置表示，其状态按照以下四步演化规则进行并行更新。

① 加速过程：$v_n \rightarrow \min(v_n+1, v_{\max})$，对应于现实中驾驶人期望以最大速度行驶的特性。

② 安全减速过程：$v_n \rightarrow \min(v_n, d_n)$，驾驶人为了避免和前车发生碰撞而采取减速的措施。

③ 随机慢化过程（以随机慢化概率 p）：$v_n \rightarrow \max(v_n-1, 0)$，对应于实际行车过程中驾驶人受到各种随机因素（如路面状况不好、驾驶人心理状态等）的干扰而造成的车辆减速行为。

④ 运动过程：$x_n \rightarrow x_n+v_n$，车辆按照调整后的速度向前行驶。

其中，x_n 和 v_n 分别表示第 n 车的位置和速度，$d_n = x_{n+1} - x_n - 1$ 表示第 n 车和前车 $n+1$ 的间距。

NaSch 模型主要通过引入随机慢化概率 p 和最大速度 $v_{\max}$ 两个参数对 Wolfram184 规则进行改进。当 $v_{\max}=1$、$p=0$ 时，NaSch 模型即为 Wolfram184 模型。

考虑到 NaSch 模型存在车间距不能小于一个元胞的长度，以及较难通过实际交通数据进行标定等问题，Krauss 等人对其进行修正，车辆按照如下规则进行更新。

$$\widetilde{V}_n(t+1) = \min[V_n(t) + a_{\max}, V_{\max}, S_{\mathrm{gap}}(t)]$$
$$V_n(t+1) = \max[0, (\widetilde{V}_n(t+1) - b_{\max}, \eta_{\mathrm{ran},0,1})] \tag{3-19}$$
$$x_n(t+1) = x_n(t) + V_n(t+1)$$

式中，$\widetilde{V}_n$ 为期望车速，$a_{\max}$ 为最大加速度；$b_{\max}$ 为最大减速度；S_{gap} 为车头间距；$\eta_{\mathrm{ran},0,1}$ 为 0 到 1 之间均匀分布的随机数。

在计算车辆每一时刻速度时，考虑了减速噪声的随机性。但由于安全车速是根据两车车头间距计算的，可能引发不当的减速度，因此后续 Krauss 等人又建立了 S-K 模型对此问题进行修正。

由于 NaSch 模型无法体现出亚稳态和回滞现象，有学者提出了依赖于速度的随机慢化规则，即 VDR 模型（Velocity-Dependent-Randomization）对 NaSch 模型进行扩展。此外，还有学者从驾驶人对平稳驾驶和舒适度的需求角度，提出了舒适驾驶（Comfortable Driving，CD）模型。在该模型中，引入了随机慢化函数和有效距离函数，从而更新了演化规则。该模型能很好地模拟自由流、相分离现象（自由流相和拥挤流相共同组成）和拥挤流相。

与其他模型相比，元胞自动机模型除了拥有交通流这一复杂系统的非线性行为和其他物理特征之外，更易于计算机操作，并且可以通过修改加减速规则以考虑各种真实交通条件。元胞自动机模型除了描述驾驶人纵向跟驰过程外，还被应用于换道行为、路网交通流分布、行人交通行为等方面的研究。

3.2.6　心理—生理模型

无论是刺激—反应模型、安全距离模型、OV 模型，还是 IDM 模型、CA 模型等，均从交通工程角度出发描述驾驶人的跟驰行为，该类模型更多地关注驾驶人物理行为规律而缺乏对心理特征的分析，而且，上述跟驰模型均基于驾驶人能够对环境中微小的变化进行感知和反应的假设。在人车路系统中，人始终是最为核心的要素，跟驰的本质也是驾驶人在跟车任务下的行为表现。因此，需充分考虑驾驶人因的重要作用，引入"感知阈值"来定义驾驶人能够感知并做出反应的刺激的最小值，基于人因特性对跟驰模型进行构建。

在前人的研究基础上 Wiedemann 提出驾驶人跟驰行为研究中非常重要的"心理—生理"模型，其阈值为目标车与前车之间的速度差和间距的函数，且加速与减速取值不同。该模型的基本思想是：在目标车逐渐接近前车的过程中，如两车间距小于驾驶人的心理安全距离，则驾驶人开始减速；而驾驶人无法准确判断前车车速，导致其速度会在一段时间内低于前车速度，随着减速过程两车间距离增大；当两车间距达到另一个心理安全距离时，驾驶人又开始缓慢加速。此加速、减速、再加速的过程不断循环进行。Wiedemann 通过大量的调查定义出六种阈值和期望距离，通过这六种阈值和期望距离将驾驶行为划分为自由行驶、接近过程、跟随过程和紧急刹车四种状态，如图 3-2 所示，并提供了其相应的加速度计算方法。

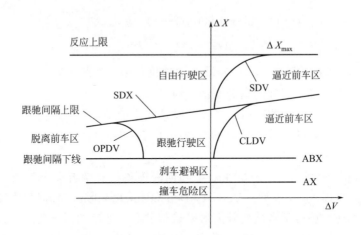

图 3-2　车辆跟驰行驶阈值

各阈值定义如下。

① AX：静止状态下前后车期望距离。

② ABX：较小速度差下的期望跟车距离，是 AX、安全距离和速度的函数。

③ SDV：距离较大时速度差的感知阈值，表示驾驶人有意识地察觉到正在接近一辆低速行驶车辆的界限，SDV 随着速度差的增大而增大。

④ CLDV：短距离时意识到很小的速度差并且距离减小的界限值。

⑤ OPDV：短距离时意识到很小的速度差并且距离增大的界限值。

⑥ SDX：跟驰过程中意识到距离变大的感知阈值，大约是 ABX 的 1.5～2.5 倍。

Wiedemann 心理—生理模型对驾驶人感知过程进行了系统而深入的解析，模型能够很好地描述实际驾驶行为，因而也被应用于著名的微观交通仿真软件 Vissim 中。

由于驾驶行为是一个生理—心理相互作用、相互制约、相互影响的过程，驾驶过程不能被视为纯粹的机械性精确过程，因此，充分考虑驾驶人生理心理因素影响和制约的心理—生理模型，从建模方法上更接近实际情况，也更能描述大多数我们日常所见的驾驶行为，这是此类模型的优点所在。然而，人因阈值的调查测量是非常困难的，在运用于其他的交通环境时，原有参数还是否适用，以及模型的可移植性如何等问题还需进一步研究。

3.2.7　人工智能模型

在实际行车过程中，跟驰往往不是基于确定性的一对一的关系，而是基于由驾驶人经验积累的一系列的规则，这些规则可能因人而异，即使对同一个驾驶人也会因条件不同而异。如考虑用传统的微分方程有时难以很好地描述驾驶人感觉、理解、判断、决定等一系列心理、生理过程。基于此，20 世纪 90 年代以后出现了人工智能跟驰模型，利用模糊理论、神经网络、遗传算法等技术描述跟驰行为过程或进行模型标定。

Kikuchi 和 Chakroborty 首次将模糊理论应用于跟驰模型上，新提出的模糊推理模型，以两车的相对距离 Δx、相对速度 Δv 和前车加速度 a_{n-1} 作为输入，以跟驰加速度 a_n 作为输出，隶属函数取为三角隶属函数，描述如下。

If Δx＝adequate（足够）

Then $a_n = (\Delta v + a_{n-1} xT)/\zeta$

式中，T 为反应时间；ζ 为驾驶人追上前车的时间。

若 $\Delta x \neq$ adequate，则根据离"adequate"的程度将隶属函数做相应移动以得到结果之后，对此加以改进，规则如下：

If Δx *is* A_i *and* Δv *is* B_i *and* a_{n-1} *is* C_i,

Then a_n *is* D_i

其中 A_i、B_i、C_i、D_i 为模糊子集。

神经网络是另一种人工智能模型，本质上是一种非线性数据模型，其对交通流建模有一定优势。

① 神经网络提供了一种基于经验数据的数学模型，可以从已有数据中"自学习"规则，使直接量测到真实值后建立动态车流模型成为可能。

② 因为是非参数建模方法，建立交通流模型时不需要对前提条件进行分析，也不需要对模型结果影响很大的待标定变量。

③ 神经网络适合对高度复杂和非线性的系统进行建模，这正好适合城市交通这种复杂非线性系统。

由于建立模糊逻辑推理模型时采用的隶属函数和模糊规则没有规范的方法，而神经网络可以从现有数据中提炼出规则，但神经网络在描述不确定事物方面却不及模糊逻辑方法，因而将两者结合起来是建立人工智能跟驰模型的有效途径。

3.3 基于感知阈值的纵向驾驶行为模型

3.3.1 基于相对速度的感知阈值分析

大部分跟驰模型在描述驾驶人受到的刺激上多用相对速度、距离等参数，但驾驶人无法直接感知相对速度，而是通过观察视野中物体视角的变化来判断，因此驾驶人通过前车的视角变化来感知相对速度或距离。当前车突然加速或减速时，车辆间距和相对速度都会发生变化，当这些变化超过驾驶人感知阈值时，驾驶人就会采取相应的操作以适应前车速度变化，并寻求跟驰安全时距。在此，感知阈值不仅在加减速时会有不同的取值，在不同的相对速度情况下，阈值的类型亦有所区别。例如，当相对速度较大时，驾驶人首先感知到前车视角变化率的改变，从而采取相应加减速决策；当相对速度较小，视角变化率低于感知阈值时，驾驶人保持当前车速不变，直到视角累积变化量突破阈值，此时驾驶人将感知到跟驰距离的变化，从而采取相应的措施跟随，补偿当前跟驰时距与安全时距的差值。

驾驶人基于视角累积变化量的阈值（g）以百分比计，表示视角的变化程度；而视角变化率的感知阈值（k）则是相对速度和跟驰距离的函数。

$$k=d\theta/dt\approx\Delta v/D_p^2 \tag{3-20}$$

式中，θ 为视角；Δv 为两车相对速度；D_p 为车间距。

视角累积变化量阈值（g）在接近与远离时的值分别为 10% 和 12%，而视角变化率的感知阈值（k）在接近与远离时的值分别为 6×10^{-4} 和 -1×10^{-3}。驾驶人对于距离感知具有不对称性，可以从上述感知阈值看出，驾驶人对两车接近（减速）的情况更为敏感。综合跟驰中相对速度的差异，驾驶人将按如表 3-2 所示阈值对前车运动状态变化作出反应。

表 3-2　不同情况下驾驶人反应阈值

反应阈值	接近（减速时）	远离（加速时）
相对速度较大	$k>6\times10^{-4}$	$k<-1\times10^{-3}$
相对速度较小	$g>10\%$	$g>12\%$

3.3.2 减速时的跟驰模型

当目标车速大于前车车速（前车突然减速），两车逐渐接近的过程中，无论驾驶人感知达到阈值 k 或 g，驾驶人都将采取减速操作。驾驶人执行的减速操作与当时的碰撞时间（TTC）大小有关，TTC 越小，驾驶人感觉到的危险性越大，减速操作越快，加速度的绝对值也越大。由此可见，驾驶人减速时采用的加速度大小是他对 TTC 估计值的函数，Van Winsum 在考虑了驾驶人自身特性的基础上，综合前人的研究成果，提出以下模型：

$$a_i = c\,\mathrm{TTC}_{est} + d + \varepsilon \tag{3-21}$$

式中，a_i 表示目标车加速度，$a_i < 0$；c 和 d 为常数，$c < 0$，$d > 0$；ε 表示随机误差，通常在驾驶人踏板操作中产生，其大小与驾驶人技能水平和状态有关；TTC_{est} 为驾驶人对实际碰撞时间的估计值，一般来说 TTC 不大于驾驶人的减速阈值，约为 10s，即驾驶人必须明显感觉到危险性的存在并认为有立刻减速的必要。否则，当 TTC 大于该阈值时，加速度为零。

由于驾驶人在估计 TTC 的时候表现出规律性误差，TTC 的估计值与实际数值的关系可以用以下公式描述：

$$\mathrm{TTC}_{est} = e\,\mathrm{TTC}^f \tag{3-22}$$

式中，TTC 为实际碰撞时间；e 和 f 为符合 Webster 法则的待标定参数。

因此可得，

$$a_i = ce\,\mathrm{TTC}^f + d + \varepsilon \tag{3-23}$$

从式(3-23) 可知该跟驰模型的关键是 TTC 的确定，即确定驾驶人何时决定减速由此改变车间距和相对速度的问题，TTC 通过驾驶人察觉到跟驰距离变化所行驶过的距离 D_d 以及相对速度 Δv 获得，即

$$\mathrm{TTC} = D_d / \Delta v \tag{3-24}$$

式中，D_d 等于车间距减去反应阈值 JND (Just Noticeable Distance)：

$$D_d = D_p - \mathrm{JND} \tag{3-25}$$

通过引入反应阈值变量 JND 来表示从前车减速到目标车驾驶人感知到相对速度的过程中车辆间距的变化情况。驾驶人的反应阈值直接影响到采取减速措施时的车间距，是安全减速行为分析的关键，其受到相对速度大小的影响较为显著，相对速度不同时采用的算法也不同。

(1) 相对速度较大

如果前车减速较快，前后车相对速度较大，前车视角累积变化量尚未达到感知阈值 g（10%），而前车视角变化率 $k > 6 \times 10^{-4}$，驾驶人将立刻减速。假设跟驰车队初始速度为 v_i，初始跟驰间距为 D_p，前车减速时保持稳定加速度 $a_j = a (a < 0)$。从前车减速开始计时，设经过 t 时间后，目标车驾驶人感知到相对速度 Δv 的存在，则 $\Delta v = -at$。

结合式(3-20)可得：

$$t = -kD_p^2/a$$
$$\Delta v = kD_p^2 \tag{3-26}$$

根据 $JND = -at^2/2$，D_p 可以表示为：

$$D_d = D_p - JND = D_p + k^2 D_p^4/(2a) \tag{3-27}$$

因此，$TTC = D_d/(kD_p^2)$。代入式(3-23)，则跟驰模型为：

$$a_i = ce[D_d/(kD_p^2)]^f + d + \varepsilon \tag{3-28}$$

(2) 相对速度较小

如果前车减速时相对速度较小，前车视角变化率未达到感知阈值 k，驾驶人将保持原车速继续行驶，直到距离的变化导致视角累积变化量达到驾驶人感知阈值 g（10%）。需要指出的是，驾驶人在观察前车时，主要选择宽度方向上的视角变化作为控制输入信号，该视角 θ 的大小与前车宽度 W（一般取 1.8m）以及车辆间距相关，且满足如下关系式：

$$(1+g)\theta = 2\arctan(W/2D_d) \tag{3-29}$$
$$\theta = 2\arctan(W/2D_p)$$

求解上式得到：

$$D_d = W/\{2\tan[(1+g)\arctan(W/2D_p)]\} \tag{3-30}$$

因为 $D_p - D_d = (at^2)/2$，则

$$t = \sqrt{2(D_p - D_d)/a}$$

由此可以得到 TTC 的表达式为：

$$TTC = D_d/\Delta v = D_d/\sqrt{2a(D_p - D_d)} \tag{3-31}$$

将上式代入到式(3-23)，可以得到：

$$a_i = ce\,TTC^f + d + \varepsilon = ce[D_d/\sqrt{2a(D_p - D_d)}]^f + d + \varepsilon \tag{3-32}$$

3.3.3 加速时的跟驰模型

与两车接近情况近似，在两车逐渐远离的过程中，目标车速小于前车车速（或前车突然加速）时，无论驾驶人感知达到阈值 k 或 g，驾驶人都将采取加速操作，以补偿车辆间距 D_p 的变化。通过实地观察和研究发现，目标车加速度大小与 D_d、Δv 密切相关。除此之外，驾驶人的加速操作与其驾驶动机、个人性格、习惯等因素有关，可以用如下公式计算：

$$a_i = \alpha D_d/D_p + \beta \Delta v + \lambda + \varepsilon \tag{3-33}$$

式中，α 和 β 为参数，且 $\alpha > 0$，$\beta > 0$；λ 是随驾驶人而定的个性化参数，与驾驶人个性、驾驶习惯、驾驶任务紧急度、驾驶人年龄、性别有关。

任务紧急度越高，则越大；男性驾驶人 λ 值大于女性驾驶人，年轻驾驶人 λ 值大于老龄驾驶人，熟练驾驶人 λ 值大于新手驾驶人。一般情况下，驾驶人会选择较

小的加速度进行间距补偿，a_i 的值受习惯影响较大，即参数 α 和 β 相对 λ 值很小。

此公式成立的条件是前车视角变化率达到感知阈值 k（-1×10^{-3}）。当前后车相对速度较小时，驾驶人未感知到前车视角变化率的存在，而视角累积变化量首先突破感知阈值 g（12%）时，驾驶人的加速度操作则几乎与相对速度无关，而主要取决于车辆间距的变化量 D_d/D_p，因此，将式(3-33)简化为：

$$a_i = \alpha D_d/D_p + \lambda + \varepsilon \qquad (3\text{-}34)$$

在前车加速情况下，一般认为 $D_d = D_p + \text{JND}$。现在的问题仍然是如何求取 JND 和相对速度 Δv，根据驾驶人行为特性，这里依旧根据相对速度的大小情况分别进行讨论。

（1）相对速度较大

相对速度较大时，目标车驾驶人首先感知到前车视角变化率突破阈值 k，随后将立刻以某一加速度加速，追赶前车。假设跟随车队初始速度为 v_i，初始车辆间距为 D_p，前车加速度为 $a_j = a$，经过 t_1 时间目标车驾驶人获得前车加速信息并开始加速，则 $\Delta v = at_1$。一般情况下 $\text{JND} \ll D_p$，结合式(3-20)，可得：

$$t_1 = kD_p^2/a$$
$$\Delta v = kD_p^2 \qquad (3\text{-}35)$$
$$\text{JND} = D_d - D_p = k^2 D_p^4/(2a)$$

代入式(3-33)，跟驰模型为：

$$a_i = \alpha[1 + k^2 D_p^4/(2a)] + \beta k D_p^2 + \lambda + \varepsilon \qquad (3\text{-}36)$$

（2）相对速度较小

当前车加速较慢、相对速度较小的时候，目标车驾驶人未感知到前车视角变化率的存在，直到距离的变化导致视角累积变化量达到驾驶人感知阈值 g（12%），此刻目标车驾驶人将立刻以某一加速度加速，追赶前车。该视角 θ 的大小与前车宽度 W（一般取 1.8m）以及车辆间距相关，且满足如下关系式：

$$(1-g)\theta = 2\arctan(W/2D_d)$$
$$\theta = 2\arctan(W/2D_p) \qquad (3\text{-}37)$$

求解上式得到

$$D_d = W/\{2\tan[(1-g)\arctan(W/2D_p)]\} \qquad (3\text{-}38)$$

在此情况下，目标车加速度主要受到车辆间距变化量 D_d/D_p 影响，而与 Δv 几乎不相关，代入式(3-34)，相对速度较小加速时跟驰模型如下：

$$a_i = \alpha\{W/\{2\tan[(1-g)\arctan(W/2D_p)]\}/D_p\} + \lambda + \varepsilon \qquad (3\text{-}39)$$

3.4 人工势能场跟驰模型

3.4.1 人工势能场的构建

人工势能场理论（Artificial Potential Field Theory）最初由 Khiatib 提出，将

机器人在周围环境中的运动设计成在一种抽象的人造引力场中的运动，目标点对移动机器人产生引力，障碍物对移动机器人产生斥力，最后通过计算机器人路径上每一点的合力来控制移动机器人的运动。

Khiatib 提出的人工势能场函数表达为：

$$U_{art}(x) = U_{x_d}(x) + U_O(x) \tag{3-40}$$

式中，$U_{art}(x)$ 表示人工势能场函数；$U_{x_d}(x)$ 表示引力场函数（Attractive Potential Field）；$U_O(x)$ 是斥力场函数（Repulsive Potential Filed）。

引力场和斥力场函数可分别表示为：

$$U_{x_d}(x) = \frac{1}{2} k_p (x - x_d)^2 \tag{3-41}$$

$$U_O(x) = \begin{cases} \frac{1}{2} \beta \left[\dfrac{1}{f(x)} - \dfrac{1}{f(x_o)} \right]^2, & f(x) \leqslant f(x_o) \\ 0, & f(x) > f(x_o) \end{cases} \tag{3-42}$$

式中，x 是机器人的位置；x_d 是目标位置；k_p 表示位置参数；$f(x)$ 是势能函数；x_o 是障碍物临界点；β 是常数变量。

势能函数变化在 $f(x) = 0$ 和 $f(x) = f(x_o)$ 之间。

当环境中没有障碍物时，目标位置对机器人产生吸引力，因此吸引力模型只与位置信息相关，机器人在吸引力的影响下向目标位置移动。当环境中存在障碍物时，每个障碍物周围均存在一个势能场，可以通过势能函数表示。当机器人进入势能场的临界范围内，障碍物会对机器人产生排斥力场，在吸引力和排斥力的共同作用下机器人改变前进方向，重新规划路线；当机器人在临界范围外时，则不受障碍物影响；当机器人在临界点时，势能场为 0。

基于这一思想，一些学者将人工势能场理论与交通流理论结合，用以描述跟驰问题。但是交通流中驾驶人的目的地或目标位置不同于机器人的静态路径规划，因此，如何构造交通流的吸引力函数是研究重点。Leonard 等人将车头间距分成三个阶段，每一个阶段驾驶人感知到的作用力是不同的：当车头间距较小时，驾驶人感受到来自于前方车辆的排斥力（第一阶段）；当车头间距增大时，前方车辆对驾驶人会有吸引的作用，驾驶人会加速缩小车头间距（第二阶段）；当车头间距超过一定范围时，前方车辆将不会对驾驶人造成影响（第三阶段）。这一过程可表示为如下公式：

$$V = \begin{cases} \alpha \left[\ln(r_{ij}) + \dfrac{d_0}{r_{ij}} \right], & 0 < r_{ij} < d_1 \\ \alpha \left[\ln(d_1) + \dfrac{d_0}{d_1} \right], & r_{ij} \geqslant d_1 \end{cases} \tag{3-43}$$

式中，V 表示势能函数；α 是待定参数；r_{ij} 表示与车头间距；d_0 和 d_1 是距离常数变量。

对势能函数求导即可推导出车辆纵向受力模型：

$$f = \begin{cases} \nabla_{r_{ij}} V, & 0 < r_{ij} < d_1 \\ 0, & r_{ij} \geq d_1 \end{cases} \tag{3-44}$$

此外，车辆还受到耗散力（dissipative force）的作用，$f_v = \varepsilon(v_i - v_d)$，$v_i$ 是目标车速，v_d 为理想车速。当车速为理想车速 v_d 时，耗散力为 0。当车速没有达到理想车速时，驾驶人倾向于加速达到理想车速，因此，驾驶人在过程中会受到耗散力的作用。

综上，车辆的综合受力情况可以表示为：

$$F = -f + f_v \tag{3-45}$$

在模型中，车辆前方距离在势能场模型中产生引力和斥力，车速同样产生吸引力。

3.4.2 基于人工势能场的跟驰模型

基于人工势能场理论及其在交通流领域中的应用，在构建跟驰模型时最重要的是将车头间距进行合理的区间划分，找到引力、斥力的作用区域。有学者研究了不同情况下的安全车头间距，在此选取绝对安全间距（Absolute Safety Distance）和临界安全间距（Critical Safety Distance）表示安全车头间距。绝对安全间距可以表示为：

$$S_n(t) = (d_n + S_0 + L_{n+1}) - d_{n+1} = S_0 + L_{n+1} + v_n(t) \times T + \frac{v_n^2(t)}{2a_{nd\max}} - \frac{v_{n+1}^2(t)}{2a_{(n+1)d\max}} \tag{3-46}$$

式中，d_n 和 d_{n+1} 分别为第 n 车和第 $n+1$ 车的刹车距离；$v_n(t)$ 和 $v_{n+1}(t)$ 分别为第 n 车和第 $n+1$ 车在 t 时刻的速度；$a_{nd\max}$ 和 $a_{(n+1)d\max}$ 分别为第 n 车和第 $n+1$ 车的最大减速度；S_0 是相邻两车静止状态下的最小距离；T 表示驾驶人反应时间；L_{n+1} 是前车长度。

需要注意的是，当 $v_n \ll v_{n+1}$ 时，绝对安全距离可能会小于静止状态下的最小距离 S_0，甚至小于 0。因此，必须设置一个临界安全间距让安全车头间距有意义，临界安全间距可以表示为：

$$S_c = S_0 + L_{n+1} \tag{3-47}$$

考虑到交通流中的不同速度选择，融合绝对安全间距和临界安全间距，安全车头间距可以描述为：

$$S_n(t) = \max \left\{ S_0 + L_{n+1} + v_n(t) \times T + \frac{v_n^2(t)}{2a_{nd\max}} - \frac{v_{n+1}^2(t)}{2a_{(n+1)d\max}}, S_0 + L_{n+1} \right\} \tag{3-48}$$

如图 3-3 所示为安全相邻两车的安全车头间距，该距离不是固定值，而是随着目标车速、最大加速度而变化。

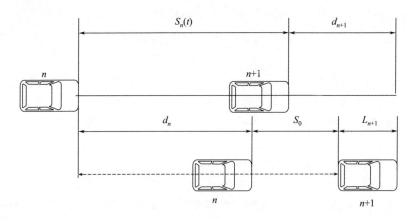

图 3-3　相邻两车的安全间距

基于式(3-43) 和式(3-44)，可以构造基于人工势能场的跟驰模型，具体表示为：

$$a_n(t+T)=\begin{cases}\lambda\ln\left[\dfrac{\Delta x_n(t)}{S_n(t)}\right], & 0<\Delta x_n(t)<x_d \\[3mm] \eta[v_d-v_n(t)], & \Delta x_n(t)\geqslant x_d\end{cases} \tag{3-49}$$

式中，$\Delta x_n(t)$ 是相邻两车的距离，即车头间距；v_d 是理想车速；$v_n(t)$ 是目标车速；x_d 表示势能影响范围；λ 和 η 是待定参数。

该公式的含义为，当车头间距在势能影响范围内，主要受前方车辆的影响；当车头间距在势能影响范围外时，主要受期望车速的影响。

依据式(3-45)，可将两个公式进行合并，基于人工势能场的跟驰模型可以描述为：

$$a_n(t+T)=f_{\mathrm{DIS}}-f_{\mathrm{ART}}=\varepsilon\left[\left(1-\frac{v_n(t)}{v_d}\right)-\mathrm{e}^{\frac{\Delta x_n(t)}{S_n(t)}}\right] \tag{3-50}$$

式中，$a_n(t+T)$ 是第 n 辆车的加速度；f_{DIS} 和 f_{ART} 分别表示耗散力和势能影响下的作用力；ε 是加速度敏感系数；$\Delta x_n(t)$ 表示目标车在 t 时刻的车头间距；$S_n(t)$ 为安全车头间距；$v_n(t)$ 是目标车速；v_d 是期望车速。

参 考 文 献

［1］ Chandler R E，Herman R，Montroll E W . Traffic dynamics：studies in car following ［J］. Operations Research，1958，6（2）：165-184.

［2］ Gipps P G. A behavioural car following model for computer simulation ［J］. Transportation Research B，1981，15：105-111.

［3］ Michaels R M. Perceptual factors in car-following ［J］. Proc. of 2nd ISTTF（London），1963：44-59.

［4］ Evans L，Rothery R. Experimental measurement of perceptual thresholds in car following ［C］// 52nd Annual Meeting of the Highway Research Board. Highway Research Record，1973，64：13-29.

［5］ Elefteriadou L，Leonard J D，List G，et al. Beyond the Highway Capacity Manual framework for selecting simulation models in traffic operational analyses ［J］. Transportation research record，1999，1678（1）：96-106.

［6］ Kikuchi S，Chakroborty P. Car-following model based on fuzzy inference system ［J］. Transportation Research Record，1992：82-82.

［7］ Wolfram S. Statistical mechanics of cellular automata ［J］. Reviews of Modern Physics，1983，55（3）：601-644.

［8］ Kai N，Schreckenberg M. A cellular automaton model for freeway traffic ［J］. Journal De Physique I，1992，2（12）：2221-2229.

［9］ 王武宏. 车辆人机交互安全与辅助驾驶 ［M］. 北京：人民交通出版社，2012.

［10］ 张智勇，黄轶，任福田. 城市快速道路跟驰行为的状态划分 ［J］. 北京工业大学学报，2008，35（11）：1512-1515.

［11］ Home of the Next Generation Simulation Community. www. ngsim-community. org/.

［12］ Krajewski R，Bock J，Kloeker L，et al. The highd dataset：A drone dataset of naturalistic vehicle trajectories on german highways for validation of highly automated driving systems ［C］//2018 21st International Conference on Intelligent Transportation Systems (ITSC). IEEE，2018：2118-2125.

［13］ Nagel K，Schreckenberg M. A cellular automaton model for freeway traffic ［J］. J Phys I，1992，2：2221-2229.

［14］ Kumagai T，Sakaguchi Y，Okuwa M，et al. Prediction of driving behavior through probabilistic inference ［C］//Proc. 8th Intl. Conf. Engineering Applications of Neural Networks. 2003：117-123.

［15］ Tezuka S，Soma H，Tanifuji K. A study of driver behavior inference model at time of lane change using Bayesian networks ［C］//2006 IEEE International Conference on Industrial Technology. IEEE，2006：2308-2313.

［16］ Kuge N，Yamamura T，Shimoyama O，et al. A driver behavior recognition method based on a driver model framework ［J］. SAE transactions，2000：469-476.

［17］ Fastenmeier W，Hinderer J，Lehning U，et al. Analyse von Spurwechselvorgängen im Verkehr ［M］ GRIN Verlag，2010.

［18］ Hogema，J. and Van der horst，R.，Driver behaviour under adverse visibility conditions ［C］// Proceedings of the First World Congress on Applications of Transport Telematics and Intelligent Vehicle-Highway Systems. Paris：TTS，1994，1623-1636.

［19］ Saifuzzaman M，Zheng Z. Incorporating human-factors in car-following models：a review of recent developments and research needs ［J］. Transportation research part C：emerging technologies，2014，48：379-403.

［20］ Herman R，Montroll E W，Potts R B，et al. Traffic dynamics：analysis of stability in car following ［J］. Operations research，1959，7（1）：86-106.

［21］ Toledo T. Integrated driving behavior modeling ［D］. Cambridge：Massachusetts Institute of Technology，2002.

［22］ Koutsopoulos，H. N.，Farah，H. Latent class model for car following behavior ［J］. Transportation Research Part B：Methodological，2012，46（5）：563-578.

［23］ Lee G. A generalization of linear car-following theory ［J］. Operations Research，1966，14（4）：595-606.

［24］ Herman R. Car-following and steady state flow ［C］//Theory of Traffic Flow Symposium Proceedings. 1959：1-13.

［25］ Newell G F . Nonlinear Effects in the Dynamics of Car Following ［J］. Operations Research，1961，9

(2): 209-229.

[26] Bando M，Hasebe K，Nakayama A，et al. Dynamical model of traffic congestion and numerical simula-tion [J]. Physical Review E，1995，51 (2)：1035-1042.

[27] Koshi M，Kuwahara M，Akahane H. Capacity of sags and tunnels on Japanese motorways [J]. ite Jour-nal，1992，62 (5)：17-22.

[28] Xing J. A PARAMETER IDENTIFICATION OF A CAR-FOLLOWING MODEL [C] // Steps Forward Intelligent Transport Systems World Congress. Yokohama，Japan，1995，1739-1745.

[29] Kometani E. Dynamic behavior of traffic with a nonlinear spacing-speed relationship [J]. Theory of Traf-fic Flow (Proc. of Sym. on TTF (GM))，1959：105-119.

[30] Helbing D，Tilch B. Generalized force model of traffic dynamics [J]. Physical review E，1998，58 (1)：133.

[31] Jiang R，Wu Q，Zhu Z. Full velocity difference model for a car-following theory [J]. Physical Review E，2001，64 (1)：017101.

[32] Wang W，Zhang W，Guo H，et al. A safety-based approaching behavioural model with various driving characteristics [J]. Transportation research，2011，19C (6)：p. 1202-1214.

[33] Treiber M，Helbing D. Memory effects in microscopic traffic models and wide scattering in flow-density data [J]. Physical Review E，2003，68 (4)：046119.

[34] Treiber M，Hennecke A，Helbing D. Congested traffic states in empirical observations and microscopic simulations [J]. Physical review E，2000，62 (2)：1805.

[35] Treiber M，Kesting A. Traffic flow dynamics [J]. Traffic Flow Dynamics：Data，Models and Simulation，Springer-Verlag Berlin Heidelberg，2013.

[36] Neumann，J. The general and logical theory of automata [J]. Cerebral Mechanisms in Behavior，1951，1 (41)：1-2.

[37] Wolfram，S. Statistical mechanics of cellular automata [J]. Reviews of modern physics，1983，55 (3)：601-644.

[38] Krauss，S.，Wagner，P. Metastable states in a microscopic model of traffic flow [J]. Physical Review E，1997，55 (5)：5597-5602.

[39] Krauß S，Wagner P，Gawron C. Continuous limit of the Nagel-Schreckenberg model [J]. Physical Re-view E，1996，54 (4)：3707.

[40] Wiedemann，R. Simulation des StraBenverkehrsflusses [R]. Germany：Institute for Traffic Engineering，University of Karlsrühe，1974.

[41] Dawis，Stevan M . A molecular basis for Weber's law [J]. Visual Neuroscience，1991，7 (04)：285.

[42] Winsum，W. The human element in car following models [J]. Transportation Research Part F，1999，2：207-211.

[43] Khatib O. Real-time obstacle avoidance for manipulators and mobilerobots [J]. International Journal of Robotics Research，1986，5：90-98.

[44] Leonard N E，Fiorelli E. Virtual leaders，artificial potentials and coordinated control of groups [C] // Proceedings of the 40th IEEE Conference on Decision and Control (Cat. No. 01CH37228). IEEE，2001，3：2968-2973.

[45] Shao C F，Xiao C Z，Wang B B，et al. Speed-density relation model of congested traffic flow under mini-mum safety distance constraint [J]. Journal of Traffic and Transportation Engineering，2015，15：92-99.

[46] Winsum，W.，Heino，A. Choice of time-headway in car-following and the role of time to collision infor-mation in braking [J]. Ergonomics，1996，39：579-592.

第4章
横向驾驶行为分析

纵向驾驶行为是驾驶人沿道路方向操纵车辆的行为的统称，而横向驾驶行为则是指驾驶人在与道路垂直的方向上对车辆进行操控，是驾驶行为的重要组成部分。横向驾驶行为同样也是驾驶人根据自身驾驶特性，针对周围车辆的车速、间隙等周边交通环境信息的刺激，调整并完成自身驾驶目标策略的综合过程。横向驾驶行为包括不同车道间的横向变换和同车道内的横向偏移两部分，前者是指车辆由当前车道（连续）变换到相邻车道，即换道行为，后者是指驾驶人在车道内选择车辆行驶的横向位置，是驾驶人为获得期望的横向行驶空间而调整车辆偏移的驾驶行为。本章重点对驾驶人换道行为及其模型进行分析，结合上一章驾驶人纵向跟驰，构成了交通流中两个最主要的驾驶任务，也是驾驶行为理论的核心内容。跟驰和换道规则分别描述了人车单元在道路上的纵向和横向相互作用。

4.1 换道行为特性与模型分类

4.1.1 换道行为过程

换道行为过程可以划分为换道意图（动机）的产生、换道判断决策和实施换道三个阶段。

驾驶人产生换道需求的原因和影响因素多种多样，根据其动机和影响结果，换道行为可分为有明确驾驶任务目标驱动的强制换道（Mandatory Lane Changing，MLC）和车速或环境改善驱动的自由换道（Discretionary Lane Changing，DLC）。不同换道类型通常涉及不同的决策过程，对周围的交通环境有不同影响。

强制换道是指具有确定的目标车道，在一定时空范围内必须实施换道的行为，如遇到有导向车道的交叉口、匝道区、交织区或者故障车辆等，如图 4-1 所示。自由换道指驾驶人为获得理想速度和行驶空间而改变行驶车道的行为，如遇到较低车速的前车，驾驶人为了追求更快的车速而发生的变换车道行为，或驾驶人为躲避高速行驶的后车而更换到慢车道等，如图 4-2 所示。两类换道行为的具体过程如下。

① 强制换道。当驾驶人产生强制换道意图后，首先会减速并选择目标车道，之后根据外部和内在信息判断换道实施的可行性，例如驾驶人会对目标车道上前后车的间隙进行估计，或驾驶人对其自身到必须完成换道的某一道路关键点的距离进行估计等。若换道可行则实施换道；否则停车等待换道机会，直至成功实施换道。驾驶人执行换道决策是整个换道过程中唯一能被观察到的。

② 自由换道。自由换道不具有强制性，即使不变换车道也能在原车道上完成驾驶任务。相比强制换道行为，自由换道行为存在与自身期望相关的换道需求，该需求将决定什么时候应该换道，什么时候不应该换道，如需要换道，该换到哪条车道等。自由换道行为可分为如下三个阶段：当驾驶人在当前车道行车时，由于受到慢速前车的影响而使其车速低于期望车速的一定数值范围内，则驾驶人会产生自由换道意图；之后驾驶人对比原车道与临近车道上的行驶条件，进一步评估变换车道的安全性，判断与目标车道前后车、当前车道前车发生冲突的可能性；若满足安全需求、换道可行，则实施换道进入目标车道，否则将继续在原车道行驶。

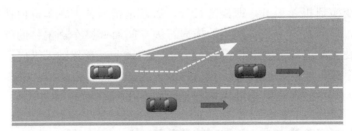

图 4-1　强制换道

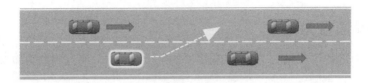

图 4-2　自由换道

在进行换道可行性分析时，首先要确定当前车辆是否符合相邻车道的使用规定（如相邻车道是否有车型、时间的限制，是否有转向限制等），其次要判断相邻车道上是否具备换道的安全条件。一般情况下，驾驶人只在目标车道上存在安全间隙时才会实施车道变换。当前车辆只有在其与目标车道上的前车和后车的间隙都足够大时才会实施车道变换行为。换道行为过程如图 4-3 所示，其中 MLC 为强制换道，DLC 为自由换道。

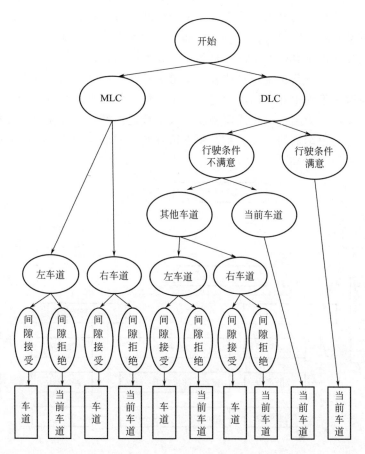

图 4-3　换道行为过程

4.1.2　换道模型分类

换道模型在微观交通流仿真、宏观路网运行分析、驾驶辅助系统以及交通安全评价等领域都有着广泛的应用价值：换道行为模型是所有微观交通仿真软件的基本组成部分；对车流态势变化、路网瓶颈分析、管理政策制定具有重要的作用；更是智能汽车驾驶辅助、自动驾驶系统横向安全技术的关键理论支撑。此研究领域几十年的发展积累了大量成果，为人们理解换道行为及其影响提供了帮助，在此对换道行为研究中核心的模型构建体系进行梳理及分类。

换道行为模型按其应用可以分为两类：面向智能汽车驾驶辅助、自动驾驶系统的驾驶辅助类模型与面向计算机仿真的换道仿真模型。前者集中在智能驾驶系统的范畴，考虑了方向盘转角和横向运动对车辆换道性能的影响，主要用以提高行车安全与道路通行能力，具体还可分为防碰撞模型和自动控制模型。防碰撞模型用于支持驾驶人换道策略，协助驾驶人实现安全换道，旨在提高道路安全；自动控制模型用于完全或部分替代驾驶人完成驾驶任务，即通过方向盘转角的自动调整来控制车辆的横向运动，减少危险的换道操纵，如换道辅助系统、防碰撞系统（侧向）等。

另一大类换道仿真模型关注的是驾驶人在不同道路条件、不同驾驶场景和环境特征下的变道决策及其实施，具体分为换道决策模型和换道实施模型。前者主要构建驾驶人换道决策规则并描述决策过程，用于仿真驾驶人微观行为特性，按其不同的理论基础又可分为刚性机械式模型以及人工智能模型；后者换道实施模型主要分析换道车辆与周边车辆的交互关系，用于仿真换道车辆与周边交通流的影响。换道行为模型分类如图 4-4 所示。

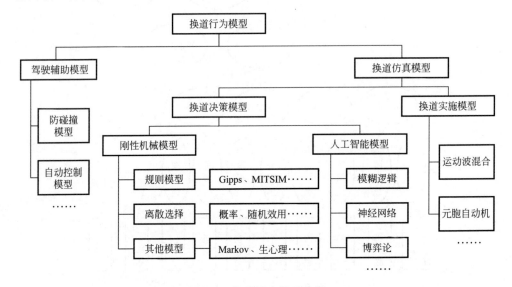

图 4-4　换道行为模型分类

此外还有学者提出另一种分类方法，基于不同的研究对象，把换道行为模型分为换道决策模型和对交通环境的影响模型，其中换道决策模型主要包括 Gipps 及其扩展模型、基于效用理论的换道决策模型、CA 模型、马尔可夫模型、生存模型、基于模糊理论的换道决策模型等。换道决策是横向驾驶行为分析的核心模型。

在行车过程中驾驶人将完成多类驾驶任务，根据第二章驾驶任务层级划分方法，驾驶主任务又可分为导航、引导、控制三个层级的驾驶任务，因此，任务的行为决策基于其执行的时间亦可分为导航、引导、控制这三个层级的决策。导航级决策是最高级别的决策，其处理、判断、执行的时间通常在 30s 以上，此类决策通常在出行开始前做出，包括出行目的、行程终点、行程路线的选择等；引导级决策制定和执行决策所需时间在 5～30s，例如驾驶人决定通过慢速行驶的车辆或维持所需的速度；控制级决策时间约为 2s 甚至更短，驾驶人将决定控制车辆的具体操作，例如间隙的确定等。基于上述决策类型的划分方式可见，换道决策模型可以归类为引导级或控制级决策模型，而不涉及导航级决策过程。在引导级换道决策模型中，驾驶人会根据当前车道和相邻车道的现状以及未来预期的某些特征做出车道变更决策。而在控制级决策模型中，驾驶人的换道决策仅取决于当前道路有限的交通特征信息。下一节将对典型的换道行为模型尤其是决策模型进行分析。

4.2 换道行为模型

4.2.1 Gipps 换道模型及其发展模型

Gipps 最早对换道行为进行系统研究，其首先建立了高速公路以及城市道路的换道决策模型框架。模型涵盖了城市道路环境行车的多类情况，提出驾驶行为受到两个基本条件的支配：保持其所需的速度以及在必须完成换道的某一道路关键点之前处于正确的车道。驾驶人通过考虑改变车道的可能性、必要性和可行性来决定是否换道。Gipps 模型认为换道与否主要取决于以下因素。

① 换道是否安全、可行，能否避免碰撞发生。
② 障碍物的位置。
③ 专用车道的设置。
④ 驾驶人预期的换道计划。
⑤ 重型车的出现。
⑥ 当前车道和目标车道的相对速度优势。

这些因素的相对重要性（优先级）由一组确定性规则来描述。在 Gipps 换道模型中，驾驶行为表现同样也是确定性的，不考虑换不同驾驶人之间的差异性、驾驶行为的时间变化性以及不同影响因素之间的顺序权衡。在该确定性模型中，驾驶人根据其到道路关键点之间的距离决定是在当前车道保持车速还是准备换道。也就是说，在逐渐接近道路关键点的过程中，驾驶人对保持期望车速和道路关键点之前处于正确车道这两者的优先级会发生变化。如果目标车道有多条，则根据一系列优先规则来进行决策，如考虑障碍物的位置、重型车辆的存在，潜在的速度增益等。Gipps 换道模型中的换道决策属于引导级决策。

虽然 Gipps 换道模型是在其跟驰模型的基础上发展而来，但 Gipps 换道决策模型的结构是通用的。

换道是否安全可行由换道所需的减速度 $\dfrac{V_n(t+T)-V_n(t)}{T}$ 是否大于可接受的减速度（一般假定为 -4m/s^2）决定。$V_n(t)$ 为车辆 n 在 t 时刻的速度，而 $V_n(t+T)$ 由下式决定：

$$V_n(t+T)=b_nT+\left\{b_n^2T^2-b_n\left[2x_{n-1}(t)-2x_n(t)-2s_{n-1}-V_n(t)T-\frac{v_{n-1}^2(t)}{\hat{b}}\right]\right\}^{\frac{1}{2}}$$

$$(4\text{-}1)$$

式中，$V_n(t+T)$ 为车辆 n 在 $t+T$ 时刻的速度；b_n 为车辆 n 能接受的减速度（$b_n < 0$）；T 为速度和位移的计算步长；$x_n(t)$ 为车辆 n 在 t 时刻的位置；s_{n-1} 为车辆 $n-1$ 的有效长度；$\hat{b}$ 为 b_{n-1} 的一个估计值。

此外，Gipps 模型还考虑了紧急换道的情况，当车辆接近换道目标位置时，换道的紧急性将增大，此时，驾驶人愿意接受的减速度为一般情况的双倍。可接受的减速度由下式计算：

$$b_n = \left[2 - \frac{D_n - x_n(t)}{10 V_n} \right] b_n^*　\tag{4-2}$$

式中，b_n 为紧急状态下车辆 n 在 t 时刻可接受的减速度；D_n 为预定的转向或障碍物的位置；$x_n(t)$ 为车辆 n 在 t 时刻的位置；V_n 为车辆 n 的期望速度；b_n^* 为一般情况下驾驶人愿意接受的减速度。

Gipps 模型作为早期换道模型，首次建立换道决策的结构框架，具有开创性意义，并为后续研究奠定了基础。例如 Yang 等对 Gipps 模型进行扩展，提出了适用于高速公路的换道决策模型并将其应用于微观交通仿真 MITSIM 中。在该研究中，换道行为分为强制性换道和自由换道，换道决策过程分为换道意图产生、选择目标车道、寻找可接受间隙、执行换道四个步骤。驾驶人不断检测目标车道前后车的可接受间隙以实施换道行为。虽然 Yang 基于规则的建模框架与 Gipps 模型相似，但区别在于 Yang 引入了换道概率，而不是把换道决策视为确定性的过程，使模型更符合实际交通运行状况。驾驶人在距下游道路关键点（或某交通事件、路面宽度或车道数变化处等）的距离为 x_n 时进行强制性换道的概率可通过下式计算：

$$p_n = \begin{cases} \exp[(x_n - x_0)^2 / \sigma_n^2], & x_n > x_0 \\ 1, & x_n < x_0 \end{cases}　\tag{4-3}$$

式中，p_n 为车辆 n 进行强制性换道的概率；x_n 为驾驶人到下游道路关键点或车道数变化点的距离；x_0 为临界距离；$\sigma_n = \alpha_0 + \alpha_1 m_n + \alpha_2 K$，其中 m_n 是当前车道与目标车道之间的车道数，K 为该路段交通流密度，α_0、α_1、α_2 为系数。

强制性换道的可接受间隙模型定义为：

$$\bar{g}_n^i = \bar{\varepsilon}_n + \begin{cases} \bar{g}_{\max}^i, & x_n \geqslant x_{\max} \\ \bar{g}_{\min}^i + (\bar{g}_{\max}^i - \bar{g}_{\min}^i) \dfrac{x_n - x_{\min}}{x_{\max} - x_{\min}}, & x_{\min} < x_n < x_{\max} \\ \bar{g}_{\min}^i, & x_n < x_{\min} \end{cases}　\tag{4-4}$$

式中，i 为前车或后车；$\bar{g}_n^i$ 为强制换道最小可接受间隙，$\bar{g}_{\min}^i$ 和 $\bar{g}_{\max}^i$ 分别为其下限和上限；x_n 为车辆当前位置；$x_{\min}$ 和 $x_{\max}$ 为对应于 $\bar{g}_{\min}^i$ 和 $\bar{g}_{\max}^i$ 的位置；$\bar{\varepsilon}_n$ 为随机项。

与此同时，对于自由变道，驾驶人首先检查当前车道和目标车道的交通状况，通过忍耐因子、速度差因子等参数来确定目标车道速度是否足够大（符合期望），据此判断是否有换道的需求。需求产生后，将选择可换入的车道。与强制换道相同，在执行自由换道之前，需要检查间隙以确保如式（4-5）中定义的间隙可被接受：

$$\bar{g}_n^i = \bar{g}^i + \bar{\varepsilon}_n^i \tag{4-5}$$

式中，$\bar{g}_n^i$ 为自由换道最小可接受间隙；$\bar{g}^i$ 为平均可接受间距；$\bar{\varepsilon}_n^i$ 为随机误差项。

Hidas 等在 Gipps 模型的基础上加以改进，提出了 SITRAS 模型。该模型的换道可行性判断基于以下 2 个条件：第一，当前车辆跟随目标车道前车的减（加）速度是否大于当前车辆可接受的减（加）速度；第二，目标车道后车跟随当前车辆时的减速度是否大于目标车道后车可接受的减速度。其中，当前车辆和目标车道后车的减速度由跟车模型算出，而可接受的减速度由下式计算：

$$b_n = \left[2 - \frac{D_n - x_n(t)}{10 v_n} \right] b_{LC} \theta \tag{4-6}$$

式中，b_n 为车辆 n 在 t 时刻可接受的减速度；D_n 为预定的转向或障碍物的位置；$x_n(t)$ 为车辆 n 在 t 时刻的位置；v_n 为车辆 n 的期望速度；b_{LC} 为驾驶人愿意接受的减速度的平均值；θ 为驾驶人风险系数。

驾驶人风险系数 θ 代表了驾驶人间的个体差异，服从正态分布，取值范围为 0～99。其中，在换道可行性判断条件一中的 θ 为平均风险系数与当前车驾驶人的风险系数的比值；条件二中的 θ 为当前车驾驶人的风险系数与目标车道后车驾驶人的风险系数的比值。

SITRAS 模型把人车单元当作一个多智能体，考虑了后间距不足时，车辆间的竞争合作关系及其减速让行行为，能很好地反映受事故影响交通状况下的换道行为。由于该模型具有专用性，使得它并不能推广到一般的交通状况。

4.2.2 离散选择模型

Ahmed 等在离散选择理论框架的基础上，开发了一种概率模型来描述车道变更决策。在模型构建的过程中，他将换道类型定义为强制换道（MLC）、自由变道（DLC）和强制合流/并线（FM）三类，最后一类通常发生在交通拥挤的情况下，当驾驶人"创造"出足够大能适用于换道的间隙时，在交通流中就能观察到强制合流/并线的现象。Ahmed MLC 模型中的解释变量包括：驾驶人到必须完成换道的某一道路关键点的剩余距离、到达目标车道所需进行的换道次数以及延误。在 Ahmed DLC 模型中，如果驾驶人对当前车道的行驶条件不满意，则对比相邻车道的情况，并由驾驶人选择目标车道。换道过程中，驾驶人决定是否执行换道，这个选择可以用一个离散选择模型（Discrete Choice Model）来描述，例如，二元离散选择模型等。因此，驾驶人 n 在 t 时刻执行 MLC、DLC 或 FM 的概率可以表示为：

$$P_t(LC|v_n) = \frac{1}{1+\exp[-x_n^{LC}(t)\beta^{LC}-\alpha^{LC}v_n]}$$

$$LC = \text{MLC}, \text{DLC}, \text{FM} \tag{4-7}$$

式中，$P_t(LC|v_n)$ 驾驶人 n 在 t 时刻执行 MLC、DLC 或 FM 的概率；$x_n^{LC}(t)$ 为 MLC、DLC 或 FM 中影响换道决策的解释变量的向量；β^{LC} 表示参数向量；v_n 为驾驶人特性随机项，假设服从正态分布；α^{LC} 是 v_n 的参数。

在驾驶人产生换道意图后，只有间隙满足一定条件，驾驶人才能进行变更车道的控制行为，可接受间隙模型反映了驾驶人获得的间隙能否被接受的过程。在 Ahmed 的模型中，驾驶人只考虑相邻车道的间隙。假设驾驶人能通过的最小前车、后车间隙长度称为前车临界间隙和后车临界间隙。临界间隙不仅对驾驶人个体有异，同一驾驶人在不同的交通情况下也有差异。驾驶人 n 在 t 时刻的临界间隙如下所示：

$$G_n^{cr,gapj}(t) = \exp[X_n^{gapj}(t)\beta^{gapj}+\alpha^{gapj}v_n+\varepsilon_n^{gapj}(t)]$$

$$gapj = \text{lead}, \text{lag} \tag{4-8}$$

式中，$G_n^{cr,gapj}(t)$ 为驾驶人 n 在 t 时刻目标车道前后车临界间隙；$X_n^{gapj}(t)$ 为影响临界间隙 $gapj$ 的解释变量的向量；β^{gapj} 为参数向量；v_n 为驾驶人特性随机项；α^{gapj} 为 v_n 的参数；$\varepsilon_n^{gapj}(t) \sim N(0, \sigma_{\varepsilon j}^2)$ 为随机项。

则驾驶人 n 在 t 时刻进行 MLC、DLC 或 FM 时获得可接受间隙的概率为：

$$P_n(\text{gap acceptance}|v_n) = P_n(\text{lead gap acceptance}|v_n)$$
$$\times P_n(\text{lag gap acceptance}|v_n)$$
$$= P_n[G_n^{lead}(t) > G_n^{cr,lead}(t)|v_n]$$
$$\times P_n[G_n^{lag}(t) > G_n^{cr,lag}(t)|v_n] \tag{4-9}$$

式中，$G_n^{lead}(t)$ 和 $G_n^{lag}(t)$ 为目标车道前后车间隙。

Ahmed 基于 MITSIM 对其换道决策模型的准确性进行验证，在他的模型中，考虑了驾驶人到道路关键换道点的距离以及所需的变道数量，反映了引导级和控制级的换道决策，同时，Ahmed 模型也揭示了 MLC、DLC 以及 FM 换道决策的差异。

随后 Toledo 等运用离散选择理论对换道决策进行建模，提出一种集成的换道概率决策模型，该模型允许驾驶人同时考虑 MLC 和 DLC 的情况，并通过最大似然估计对模型进行校准。在该模型中，换道决策过程分为目标车道的选择和可接受间隙决策两个步骤，换道决策基于四类解释变量：相邻车道变量（间隙、速度等）、路径规划变量（到出口匝道的距离等）、路网相关信息和经验（避开离路肩最近的车道等）以及驾驶风格和驾驶能力。在 Toledo 的目标车道选择模型中，驾驶人可以选择停留在当前车道 CL 上，或者选择驶入右侧 RL 或左侧 LL 相邻车道。式 (4-10) 给出了目标车道选择模型的一般形式：

$$U_n^{lane\,i}(t) = X_n^{lane\,i}(t)\beta^{lane\,i} + \alpha^{lane\,i}v_n + \varepsilon_n^{lane\,i}(t)$$
$$lane\,i = \mathrm{CL,RL,LL}$$

(4-10)

式中，$U_n^{lane\,i}(t)$ 为驾驶人 n 在 t 时刻选择车道 i 的效用；$X_n^{lane\,i}(t)$ 为影响车道 i 效用的解释变量的向量；$\alpha^{lane\,i}$、$\beta^{lane\,i}$ 均为参数向量；$\varepsilon_n^{lane\,i}(t)$ 为车道效用相关的随机项；v_n 为驾驶人特性随机项。

驾驶人选择某车道的概率可按 logit 模型得出：

$$P_n(lane\,i_t \mid v_n) = \frac{\exp[X_n^{lane\,i}(t)\beta^{lane\,i} + \alpha^{lane\,i}v_n]}{\sum_{j \in I}\exp[X_n^{lane\,i}(t)\beta^{lane\,i} + \alpha^{lane\,i}v_n]}$$
$$lane\,i, lane\,j \in I = \{\mathrm{CL,RL,LL}\}$$

(4-11)

目标车道临界间隙 $G_n^{gap\,j,TL,cr}(t)$ 的一般形式如下，假设其服从正态分布：

$$\ln[G_n^{gap\,j,TL,cr}(t)] = X_n^{gao\,j,TL}(t)\beta^{gap\,j} + \alpha^{gap\,j}v_n + \varepsilon_n^{gao\,j}(t)$$
$$gap\,j = lead, lag$$

(4-12)

因此，驾驶人向目标车道进行换道的概率可参照式(4-9)得出。在 Toledo 模型中，具有明确的目标车道的选择（RL 或 LL），并将 MLC 和 DLC 两种换道条件集成到单个效用模型中，使得对强制换道的感知更真实地表示为连续增加的函数而不是二进制选择函数。但是，模型显示驾驶人只有在出现可接受间隙时才进行换道操作，不符合严重拥堵时的情形。

4.2.3　人工智能模型

传统的换道决策模型大多采用数学函数和常规逻辑规则来表述人对道路环境的认知，并对驾驶人换道决策进行建模。此类模型基于明确的变量大小，尽管在模型中包含了随机项，但随机项通常用于描述解释变量在其均值附近的变化，且随机项多服从 Gumbel 或正态分布，因此，刚性机械模型难以反映驾驶人感知决策的不一致性和不确定性。考虑到驾驶人基于人车路系统的非精确感知做出判断决策的机理，有学者尝试运用人工智能的相关理论方法对横向驾驶行为进行分析，允许在模型构建中通过模糊逻辑来定义不确定性，反映真实变量的自然感知。

模糊逻辑提供了一种将高度非线性系统转化为 IF-THEN 规则的有效方法，Das 等学者提出了一种基于模糊 IF-THEN 规则的微观驾驶人换道行为模型，并对其进行仿真实现（Autonomous Agent SIMulation package，AASIM）。其中 AASIM 的 MLC 规则考虑了驾驶人到道路关键点的距离以及需要变更的车道数，若车道数增加，则换道决策的概率增加；AASIM 的 DLC 规则描述了基于两个解释变量的二元换道决策（换道/不换道），这两个解释变量分别为驾驶人的车速满意度水平以及左右相邻车道的拥堵情况，公式如下：

$$\sigma_t = (1-\varepsilon)\sigma_{t-1} + \varepsilon\left(\frac{v}{v_{\lim}}\right)$$

(4-13)

$$c = \frac{\sum_{\text{all } i} e^{-\frac{d_i}{\Delta}} \times \left(1 - \frac{v_i}{v_{\text{lim}}}\right)}{\sum_{\text{all } i} e^{-\frac{d_i}{\Delta}}} \tag{4-14}$$

式中，σ_t 为驾驶人满意度；c 为驾驶人视野范围内车道的拥挤程度；v 为当前车速；v_{lim} 为限速；v_i 为第 i 辆车的车速；ε 为学习率；d_i 为到第 i 辆车的距离；Δ 为系数。

在 AASIM 中，一旦驾驶人决定执行换道决策，下一步就是找到合适的间隙，模糊规则就是基于目标车道上间隙和周围车辆的速度。一旦目标车道上的间隙被判定为可接受，则计算加减速使得车辆向目标车道运动，同时，间隙判定过程还考虑了当前车道上前车的安全车头时距。在此，模糊规则的一般形式如下所示：

$$j^{th}\ rule:IF\ I_1\ is\ A_{1j}\ and \cdots I_i\ is\ A_{ij}\ and\ I_m\ is\ A_{mj}$$
$$THEN\ O\ is\ B_j \tag{4-15}$$

式中，$I = f(I_1, I_i, \cdots, I_n)$ 为输入变量；A_{ij} 是输入变量的模糊子集；输出为 O；B_j 是 O 的模糊子集。在 AASIM 中，没有考虑换道决策中的车辆类型。

McDonald、Brackstone、Wu 等开发了基于模糊逻辑的高速公路仿真模型 FLOWSIM，模型中将换道操纵分为换向慢车道和换向快车道两类，前者主要是为了避免干扰后方快速驶来的车辆，后者主要是为了获得速度优势。驾驶人换向慢车道的换道决策模型使用了两个变量：来自后车的压力以及目标车道间隙的满意度。后车的压力主要通过后车的车头时距来描述，间隙的满意度主要通过驾驶人在不降低车速的情况下能够在慢车道（间隙）内行驶的时长来衡量。表 4-1 给出了用于建立换道决策模型的模糊集。

表 4-1　换向慢车道的换道决策模糊集

来自后车的压力	间隙满意度	换入右车道的意图
大	满意	强烈
中	一般	中等
小	不满意	不强烈

换入慢车道的模糊决策规则如下：

$$IF\ 来自后车的压力较小，且间隙满意度高$$
$$THEN\ 驾驶人换入右侧车道的意图在中等水平 \tag{4-16}$$

为了建立换向快车道的决策模型，McDonald 等定义了两个变量：超车收益和机会，前者对应的是驾驶人换入快车道时能够获得的速度，而后者反映了换道的安全性和舒适性，由目标车道后车的车头时距来进行评价。FLOWSIM 中使用的换道决策模型是一种通用的换道决策框架，适用于所有类型的车辆。

此外，随着神经网络的发展，越来越多的研究人员将其用于驾驶行为的研究，大量研究成果表明神经网络在换道决策分析中的动态适用性。目前数据采集技术和机器学习方法的不断发展使得该类数据驱动模型的准确性大大提高，未来人工智能类模型对于换道行为的模拟以及驾驶人个性化换道辅助将提供重要支撑。

4.2.4　元胞自动机模型

元胞自动机（CA）模型的基本概念规则及其在纵向驾驶行为中的应用已在上一章中进行了介绍，通过将换道规则加入 CA 跟驰模型中，扩展了 CA 模型的应用场景，以适应多车道交通流的模拟。基于 CA 的换道模型与前述模型近似，基本可分为两个步骤：换道意图产生/换道必要性，以及可接受间隙的判定。对于有 L_e 条车道、每条车道含 K_e 个元胞的路段，成功施行换道行为必须满足以下条件：

$$g_{s_i}^l \geqslant 0 \wedge g_{s_i}^f \geqslant 0 \tag{4-17}$$

式中，$g_{s_i}^l$ 和 $g_{s_i}^f$ 分别为目标车道前车间隙和后车间隙，在此，间隙以元胞数来衡量。交通流中的元胞自动机模型通过横向换道模块和纵向跟驰模块来综合模拟车辆的运动情况。

第一个 CA 换道模型是 Nagatani 在确定性 Wofram184 号规则的基础上提出的，模型规定，车辆在一个时间步内要么换道要么向前行驶。在双车道 CA 换道模型中，一般是把每个时间步划分为两个子时间步分别进行车辆运动状态的描述：在第一个子时间步内，车辆按照换道规则进行换道；在第二个子时间步内，车辆在两条车道上按照单车道的更新规则进行位置和速度的更新。而实现换道必须满足两个前提条件：一是换道动机，即当前车是否需要换道；二是安全条件，即如果当前车要换道，对自身以及其他车辆是否安全。之后，Rickert 等学者通过引入一个随机项改进了 Nagatani 的模型，并提出相应换道规则。

（C1）$gap(i) < l$

（C2）$gap_0(i) < l_0$

（C3）$gap_{0,back}(i) < l_{0,back}$

（C4）$rand() = p_{change}$

其中，$gap(i)$、$gap_0(i)$ 分别表示第 i 辆车（即当前车）与当前车道和临近车道上前车之间的距离；$gap_{0,back}(i)$ 表示与临近车道上后车之间的距离；l、l_0、$l_{0,back}$ 和 p_{change} 分别为换道规则的特定参数；$rand()$ 则表示在 $[0, 1]$ 之间取随机数。

在此，条件 C1 是一个动机标准：车辆 i 与前车之间的距离不是足够大（无法满足当前车行驶预期），这样车辆 i 就会有换道的动机，通常由参数 $l = \min(v+1, v_{max})$ 来确定。在条件 C2 中则会检查临近车道上的行驶条件是否更好，通常取 $l_0 = l$。条件 C3 则是为了确保车辆 i 和临近车道上的后车之间保持一个安全距离（$l_{0,back} = v_{max}$）。条件 C4 则表示当换道动机和安全条件均已满足时，车辆 i 以一定的概率 p_{change} 进行换道。

对双车道交通而言，换道规则可以是关于车道对称或非对称的。如果采用对称型换道规则，那么车辆的换道策略就与车辆换道的方向无关，即从左至右与从右至左都是一样的。同样，非对称换道在实际交通中也较为普遍，例如高速公路中行车道与超车道的存在使得换道行为出现非对称特性。

Chowdhury 等以单车道的 NaSch 模型为基础，通过引入换道规则建立了一个对称的双车道元胞自动机交通流模型。并对由快、慢车组成的混合交通系统进行了研究，使研究场景更加符合实际交通状况。该换道规则如下。

① 动机条件：

$$d_n < \min(v_n + 1, v_{max}) \ and \ d_{n,other} > d_n \tag{4-18}$$

② 安全条件：

$$d_{n,back} > d_{safe} \tag{4-19}$$

式中，v_n 为第 n 辆车的速度；$d_n = x_{n+1} - x_n - L_{car}$ 是第 n 辆车与前车之间的空元胞的数目；x_n 为第 n 辆车的位置；L_{car} 为车长，没有特殊说明时均取 1；$d_{n,other}$ 是第 n 辆车与临近车道上的空车之间的距离；$d_{n,back}$ 是第 n 辆车与临近车道上的后车之间的距离；d_{safe} 则是确保不会发生撞车的安全距离；v_{max} 是最大速度。$d_n < \min(v_n + 1, v_{max})$ 表示车辆在本道上不能按期望速度行驶；$d_{n,other} > d_n$ 则表示临近车道上的行驶条件要比当前车道好。TRANSIMS 交通仿真软件中就采用了类似的对称换道规则。

与双车道模型相同，多车道模型中车辆位置和速度的更新过程也是由两个子步骤来完成的：首先车辆按照换道规则进行换道；换道后，各条车道上的车辆按照单车道模型（比如 NaSch 模型）进行位置和速度的更新。多车道模型中的换道同样有对称和非对称之分。例如 Pedersen 等提出了一个默认右道缺省的换道规则，将车道自右向左依次记为 $1, 2, \cdots, N_l$，车辆按照如下的规则进行换道：

（C1）考虑右道：

$if \ d_n^{r-}(t) \geqslant v_{max} \ and \ d_n^{r+}(t) \geqslant d_n^+(t)$

$then \ new - l_n(t) = lane_n(t-1) - 1$

$else \ new - l_n(t) = lane_n(t-1)$

（C2）考虑左道：

$if \ d_n^{l-1}(t) \geqslant v_{max} \ and \ \{d_n^+(t) < \min[v_n(t) + 1, v_{max}] \ or \ v_n(t) = 0\} \ and \ d_n^+$
$(t) < d_n^{l+}(t) \ and \ d_n^{r+}(t) < d_n^{l+}(t)$

$then \ new - l_n(t) = lane_n(t-1) - 1$

（C3）进行换道：以概率 $1 - P_{ignore}$ 令 $new - l_n(t) = lane_n(t)$。为了避免发生碰撞，要从右至左依次对每个车道进行处理。

在此，$d_n^{xy}(t)$ 表示 t 时刻车辆 n 与左、右及本车道上前后相邻车辆之间的距离；x 可以是 l、r 或没有；l 表示左道，r 表示右道，没有时则表示本车道。y 可以是 + 或 -；+ 表示 n 车的前车，- 表示 n 车的后车。如果 n 车和前车的空间距离大于 v_{max} 时就令其等于 v_{max}，n 车和后车之间的距离也同样以 v_{max} 为界。当 d 对应于一个不存在的车道时（比如第一条车道上的 d_n^{r+}）将其设为 0。$lane_n(t)$

表示车辆 n 在 t 时刻所在的车道（$1,2,\cdots,N_l$ 中的一条）。$new-l_n(t)$ 表示换道时车辆 n 有可能进入的车道。

规则 C1 表示只要车辆换至右道时不会影响到行驶状态，那么车辆就换至右道上行驶。规则 C2 表示在只有左道的行驶条件比本车道和右道都好时，车辆才有可能换至左道上行驶；$v_n(t)=0$ 的条件则是为了避免陷入致密堵塞中的车辆无法换到左道上。规则 C3 中引入了一个概率 P_{ignore}，表示当条件满足时，驾驶人有可能换道也有可能仍然在原道上行驶。对各个车道依次处理则避免了当车道数目大于 2 时，两侧车道上的车辆有可能选择中间车道上的同一位置进而发生碰撞。与前面双车道的规则不同，该规则可以处理任意数目车道的情况。

CA 模型的主要特点是对于不同的算法规则可以不同程度的优化仿真轨迹，如果能找到一种很好的描述规则，便能客观地反映实际交通情况。同时，可以包含多种算法规则，便于仿真实现。

4.3　换道行为轨迹预测

4.3.1　基于神经网络的换道轨迹预测分析

为了达到安全、高效、舒适的驾驶目的，驾驶人需要感知当前人车路系统中与驾驶任务相关的信息，充分理解各要素现状并对其后续变化进行预测，进而做出正确的行为决策。而传统的行为模型难以体现驾驶人认知过程的不确定性，因此需要引入人工智能类的建模工具，BP 神经网络就是一个理想的选择。不同于经典数学模型，BP 神经网络能够近似实现输入量和输出量的关系，而无需构造确定的模型。

BP 神经网络是一种按照误差逆向传播算法训练的多层前馈神经网络，其应用非常广泛，相较于其他网络也更为成熟。BP 神经网络模型由输入层、输出层以及若干隐含层组成，典型的 BP 神经元模型如图 4-5 所示。BP 神经网络可以表述为：

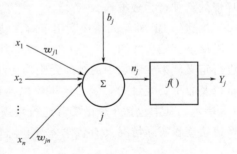

图 4-5　典型 BP 神经元模型

$$Y_j = f\left(\sum_{i=1}^{n}\omega_{ji}x_i - b_j\right) = f(n_j) \tag{4-20}$$

式中，列向量 x_i 为输入向量，行向量 w_{ji} 为第 j 个神经元对应的权重；偏置为 b_j；n_j 为神经元输入；f 是传递函数。

通过构建基于 BP 神经网络的换道轨迹预测模型，对换道过程中车辆的相互作用进行仿真，仿真场景中的简化换道过程如图 4-6 所示。

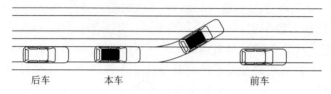

图 4-6　仿真中的换道场景

　　构建多输入单输出时滞 BP 神经网络，用于换道轨迹的训练、学习和预测。含 4 类变量：前车位置、速度、换道车辆加速度和车头时距。每个输入变量由时长为 1s 的时间序列（或 10 帧）组成。期望输出变量则是对下 1s 换道过程状态的预测。该神经网络由 Levenberg-Marquardt 算法进行训练并对均方差进行检验。网络权重值则根据输出误差进行迭代计算，直至输出误差最小时确定权重取值。在仿真过程中，一旦获取到合适的训练数据，神经网络即进入学习以保证网络在运行过程中具有与训练过程类似的运行效能。需要说明的是，所建立的 BP 神经网络预测模型旨在将此类工具引入到驾驶行为研究中，并且训练数据时采用多路径数据，以期该模型具有较好的移植性和适用性。

4.3.2　模型仿真与对比

　　使用驾驶模拟器进行实验并采集相应的驾驶行为数据，包括车辆运动特性数据和换道操作过程数据，针对换道行为还专门设置具备换道动机条件的驾驶场景以使驾驶人进行换道驾驶。共有 40 名有效被试参与实验，其中男性 32 名，女性 8 名。驾驶模拟实验采集的数据均作为 BP 神经网络训练样本数据，以获得接近实际交通环境的驾驶行为数据输入。

　　构建的 BP 神经网络模型用于对驾驶人换道轨迹进行预测分析，该模型包含两个隐层，其结构如图 4-7 所示。一个非线性 Sigmoid 函数对第一隐层中每个神经元进行定义，第二隐层中的神经元则均为线形形式。偏置项受驾驶人特性、不确定因素以及非重要变量的影响。这里仅以换道过程中车辆的横向轨迹作为示例，如图 4-8 所示。其中包括车辆的实际运行轨迹和模型预测结果，其中在初始阶段预测的换道轨迹和实际情况具有较大差异，随后预测结果则能够较好地与实际情况相吻

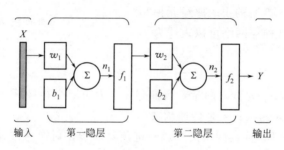

图 4-7　双隐层 BP 神经网络模型

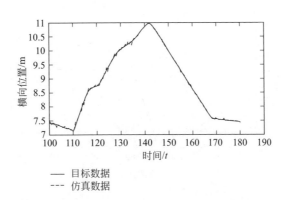

图 4-8 换道过程车辆横向轨迹预测结果对比

合。初始阶段的差异是因为此时的训练样本量较低，模型尚处于调整过程中，预测精度受到影响，而后随着模型的训练和学习，预测精度也不断提高。

运用 BP 神经网络进行换道轨迹预测的效果如图 4-9 所示，通过增加迭代次数，可以改善网络的运行效果，但是当迭代次数足够大时，迭代次数的增加不再会降低误差率。另外，与驾驶人受慢车影响时更易产生换道动机的实际情况相符，仿真结果表明车辆横向轨迹受车头时距和前车横向轨迹影响比较显著。

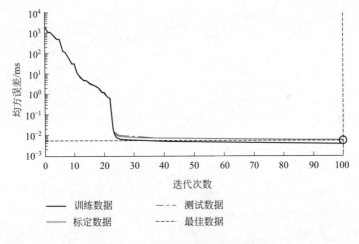

图 4-9 BP 神经网络运行效果曲线

运用 NGSIM 车辆运行轨迹实测数据对模型进行验证，考虑到实际交通中的观测数据普遍受到测量误差的影响，需要对原始数据进行平滑处理。以横向位置和车速为例，平滑结果如图 4-10 和图 4-11 所示。不同预测时间的测试结果如图 4-12 所示，其中，预测时间为 1s（MSE＝0.0184）相较于预测时间为 2s（MSE＝0.2273）的车辆横向位置更为精确。模型验证结果表明构建的 BP 神经网络预测模型具有显著的有效性。采用其他 NGSIM 数据样本同样获得了较为理想的验证结果。因此可

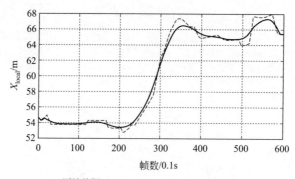

原始数据

平滑数据

图 4-10 横向位置数据平滑结果

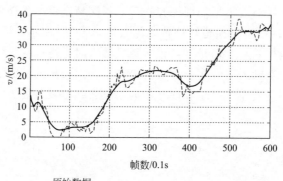

原始数据

平滑数据

图 4-11 车速数据平滑结果

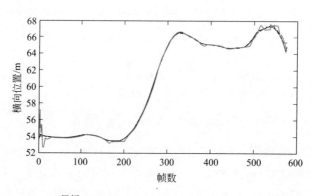

目标

仿真1

仿真2

图 4-12 以 1s 和 2s 为预测时间的横向轨迹预测结果

以认为，基于 BP 神经网络的换道轨迹预测模型能够较好地反映出车辆在实际交通环境中的换道过程。

4.4 车道内横向位置选择行为

4.4.1 车道线对横向驾驶行为的影响

作为提示行驶方向和行驶位置的重要交通标线，车道线如出现缺失或者模糊的情况会对驾驶人的横向驾驶行为产生不利影响，导致交通事故率增加。车道线对横向驾驶行为的影响在夜间更加明显，车道线的存在会显著改变车辆行驶横向位置的分布，合理的车道线设置能够改善道路安全水平。

Steyvers 和 De Waard 对车辆通过不同宽度和不同边线设置道路的横向位置分布情况进行了分析。在该研究中，车辆行驶的横向位置定义为车辆右侧到路面外侧边缘的距离。研究所选的路段宽度较小，4～4.5m，因此部分具有道路中线的路段的车道宽度只有 2m，在这些路段上，车辆的横向位置分布特性受道路边线的影响较为显著，其观测和实验结果如图 4-13 所示，表 4-2 为相应的统计数据。从图 4-13 中可以看出，具有道路中线的路段中，车辆横向位置分布和其余三个路段呈现出明显差异，尽管车道较为狭窄，横向位置分布范围相对集中。而无中线的路段中，

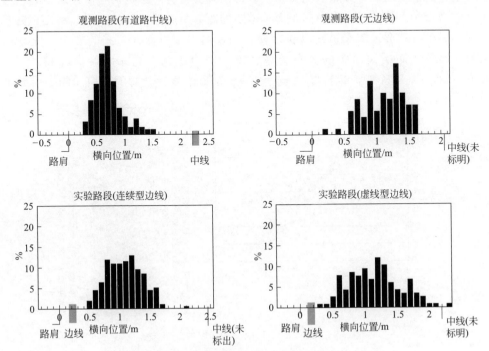

图 4-13 车辆通过不同路段时横向位置分布情况

不论是否有道路边缘线，车辆行驶的横向位置分布范围较大，显示出驾驶人倾向于靠近道路中线行驶以获得理想的横向空间。从表 4-12 的数据也能看出驾驶人改变横向行驶位置以获得横向空间的趋势。当无会车影响时，横向位置分布范围接近道路中线；有会车影响时，横向位置向边线方向偏移，特别是与小型车（非货车）会车时偏移距离有所减小。

表 4-2　车辆横向位置分布统计

路段			均值/m	标准差	峰度	偏度	样本量
无会车	1	观测路段（有道路中线）	0.72	0.25	0.9	1	153
	2	观测路段（无车道线）	1.11	0.32	−0.5	−0.4	70
	3	实验路段（连续型边线）	1.13	0.29	−0.3	0.3	201
	4	实验路段（虚线型边线）	1.21	0.41	−0.4	0.3	117
有会车	1	观测路段（有道路中线）	0.53	0.15	−1	0.4	12
	2	观测路段（无车道线）	0.50	0.22	1.7	−1.5	7
	3	实验路段（连续型边线）	0.57	0.21	−1.1	0.3	30
	4	实验路段（虚线型边线）	0.61	0.2	−1.2	0.4	12
无会车（货车）	1	观测路段（有道路中线）	0.59	0.33	0.4	0.4	12
	2	观测路段（无车道线）	0.53	0.37	−1.3	0	10
	3	实验路段（连续型边线）	0.94	0.36	0.5	0.6	14
	4	实验路段（虚线型边线）	0.80	0.4	−1.3	0.4	9

会车时的横向位置分布情况受驾驶人横向驾驶行为的影响，同样在超车时也会出现这类影响。超车过程中两车距离车道线的距离呈此消彼长的关系，一方靠近车道线，另一方就会远离车道线以获得理想的横向净距以保证超车的安全。图 4-14 为超车时车辆间横向净距的分布关系情况，图中车辆在超车时倾向保持 1.7～2.0m 的间距，这个距离也恰好是车辆在基于车道中线行驶时的侧向净距。由此可

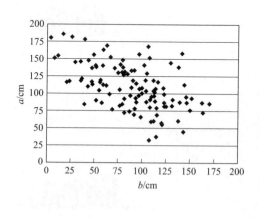
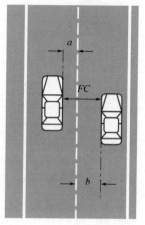

图 4-14　超车时车辆间横向净距的分布关系
a—被超车辆与车道中线的间距；b—超车车辆与车道中线的间距；
FC—超车时车辆间横向净距

知，在基于车道中线行驶的条件下，驾驶人能够获得理想的横向空间，基本不需要改变横向行驶状态，有利于交通流稳定性和车辆行驶的安全性。在非基于车道中线行驶的条件下，驾驶人需要通过改变车辆横向行驶位置获得理想的横向空间，频繁地改变横向行驶位置会影响纵向驾驶状态，对交通流运行产生不利影响。这种现象在实际交通中较为常见，除了驾驶人的不良驾驶行为以外，窄车道条件或者大型车辆比例较高都是造成该现象的原因。

4.4.2　不同车型横向位置选择

为了量化和分析不同车型在特定类型道路上车辆横向位置和横向偏移的变化，瑞典公路管理局于近年开展相关实测研究。研究人员将欧盟高速公路 E4Linköping 段 18118 辆观测样本车辆根据前轮距分为三类车型。

轻型汽车（Light Vehicle），前轮距 1.5m；

重型载货汽车 1（HGV Group 1），前轮距 1.8m；

重型载货汽车 2（HGV Group 2），前轮距 2.1m。

如图 4-15 所示显示了这三类车辆右前轮横向位置的分布情况，所有位置均相对于右侧道路边缘。若根据上述车型不同胎宽数据，还可绘制出包括车轮中心横向位置等类似图形，在此不再赘述。图中曲线呈钟形（单峰），与正态分布一致。根据 3sigma 原则，约 68% 的车辆横向位置数值落在平均值的一个标准偏差之内，约 95% 的值在两个标准差之内，约 99.7% 在三个标准差之内。即使分布接近正态分布，也应有 98% 的数值落在三个标准偏差内。

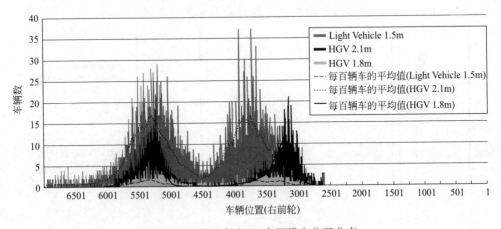

图 4-15　欧盟高速 E4 车辆横向位置分布

根据横向位置的分布，可以确定车轮轨迹的平均横向位置之和 $\bar{x}$ 和标准差 s。设定三类车型的胎宽分别为 175mm、265mm 以及 355mm，如图 4-16 所示为轻型汽车（前轮距 1.5m，胎宽 175mm）的平均横向位置 $\bar{x}$ 和标准差的情况，据此可对某类车型在路面特定横向位置行驶概率进行估计。

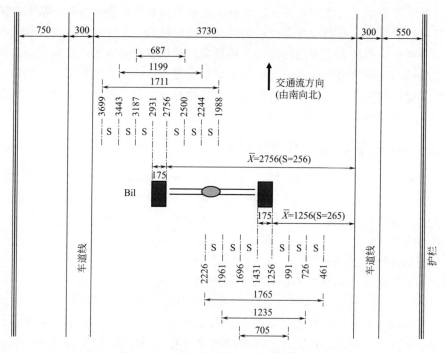

图 4-16　轻型汽车横向位置均值与标准差

通过 3sigma 原则我们可以认为车辆横向偏移数据的取值几乎全部集中在平均车轮位置的三个标准偏差之内，通过图 4-16 可知，左侧车轮（离路侧较远一方）横向偏移在 1711mm 范围内，而右侧车轮横向偏移范围在 1765mm。

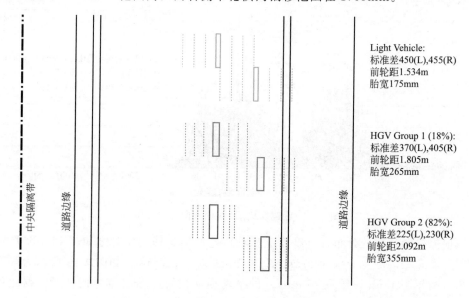

图 4-17　车辆横向位置与偏移范围

同样的，利用平均位置和标准差数据，可以绘制其他两类车型的前轮平均位置以及横向偏移范围。图 4-17 显示了每种车辆类别的平均前轮位置（实线）以及一个、两个和三个标准差（虚线）的偏移范围，从图中可以发现，三类车型左侧车轮的横向位置是非常接近的，即尽管车型不同但驾驶人均倾向与左侧车道线保持较为一致的距离。

参 考 文 献

［1］ Nilsson J，Brännström M，Coelingh E，et al. Lane Change Maneuvers for Automated Vehicles ［J］. IEEE Transactions on Intelligent Transportation Systems，2017，99：1-10.

［2］ Alexiadis，V.，Colyar，J.，Halkias，J.，Hranac，R.，McHale，G. The next generation simulation program ［J］. ITE Journal，2004，74（8）：22-26.

［3］ 陆建，李英帅. 车辆换道行为建模的回顾与展望 ［J］. 交通运输系统工程与信息，2017，17（4）：48-55.

［4］ Zheng Z. Recent developments and research needs in modeling lane changing ［J］. Transportation Research Part B：Methodological，2014，60（1）：16-32.

［5］ Moridpour S，Sarvi M，Rose G. Lane changing models：a critical review ［J］. Transportation Letters：The International Journal of Transportation Research，2010，2（3）：157-173.

［6］ GIPPS P G. A model for the structure of lane-changing decisions ［J］. Transportation Research Part B：Methodological，1986，20（5）：403-414.

［7］ Yang Q I，Koutsopoulos H N. A Microscopic Traffic Simulator for evaluation of dynamic traffic management systems ［J］. Transportation Research Part C（Emerging Technologies），1996，4（3）：113-129.

［8］ HIDAS P. Modelling lane changing and merging in microscopic traffic simulation ［J］. Transportation Research Part C：Emerging Technologies，2002，10（5）：351-371.

［9］ HIDAS P. Modelling vehicle interactions in microscopic simulation of merging and weaving ［J］. Transportation Research Part C：Emerging Technologies，2005，13（1）：37-62.

［10］ Ahmed，K. Modeling Drivers' Acceleration and Lane Changing Behavior ［D］. Massachusetts Institute of Technology，Cambridge，1999.

［11］ TOLEDO T，KOUTSOPOULOS H，BEN- AKIVA M. Modeling integrated lane-changing behavior ［J］. Transportation Research Record：Journal of the Transportation Research Board，2003（1857）：30-38.

［12］ TOLEDO T，CHOUDHURY C，BEN-AKIVA M. Lanechanging model with explicit target lane choice ［J］. Transportation Research Record：Journal of the Transportation Research Board，2005（1934）：157-165.

［13］ SUN D J，ELEFTERIADOU L. Lane- changing behavior on urban streets：An "In- Vehicle" field experiment- based study ［J］. Computer- Aided Civil and Infrastructure Engineering，2012，27（7）：525-542.

［14］ MORIDPOUR S. Analysing the performance of a fuzzy lane changing model using data mining ［J］. Data Mining in Dynamic Social Networks and Fuzzy Systems，2013：289-315.

［15］ Das S，Bowles B A. Simulations of highway chaos using fuzzy logic ［C］// Fuzzy Information Processing Society，1999. NAFIPS. 18th International Conference of the North American. IEEE，1999.

［16］ MORIDPOUR S，SARVI M，ROSE G，et al. Lanechanging decision model for heavy vehicle drivers ［J］. Journal of Intelligent Transportation Systems，2012，16（1）：24-35.

［17］ ROSS T J. Fuzzy logic with engineering applications ［M］. John Wiley & Sons，2009.

［18］ HUNT J G，LYONS G D. Modelling dual carriageway lane changing using neural networks ［J］. Transportation Research Part C：Emerging Technologies，1994，2（4）：231-245.

[19] Brackstone M，Mcdonald M，Wu J. Lane changing on the motorway：factors affecting its occurrence，and their implications [C] // Road Transport Information and Control，1998. 9th International Conference on (Conf. Publ. No. 454). IET，1998.

[20] Mcdonald M，Wu J，Brackstone M. Development of a fuzzy logic based microscopic motorway simulation model [C] // IEEE Conference on Intelligent Transportation Systems. Boston，MA，USA，1997.

[21] Wu J，Brackstone M，Mcdonald M. Fuzzy sets and systems for a motorway microscopic simulation model [J]. Fuzzy Sets and Systems，2000，116（1）：65-76.

[22] Wu J，Brackstone M，Mcdonald M. The validation of a microscopic simulation model：a methodological case study [J]. Transportation research. Part C，Emerging Technologies，2003，11C（6）：p. 463-479.

[23] 杨刚，张东好，李克强，等. 基于车车通信的车辆并行协同自动换道控制 [J]. 公路交通科技，2017（1）：120-130.

[24] Kumagai T，Sakaguchi Y，Okuwa M. Prediction of driving behavior through probabilistic inference [C] // Proc. Eighth International Conference on Engineering Applications of Neural Networks EANN2003. Malaga，Spain，2003：117-123.

[25] Sathyanarayana A，Boyraz P，Hansen J H L. Driver behavior analysis and route recognition by Hidden Markov Models [C] // IEEE International Conference on Vehicular Electronics and Safety. IEEE Xplore，2008：276-281.

[26] Macadam C C. Application of Elementary Neural Networks and Preview Sensors for Representing Driver Steering Control Behaviour [J]. Vehicle System Dynamics，1996，25（25）：3-30.

[27] Tomar R S，Verma S，Tomar G S. Prediction of Lane Change Trajectories through Neural Network [C] // International Conference on Computational Intelligence and Communication Networks. IEEE，2010：249-253.

[28] Wang W，Wets G. Computational Intelligence for Traffic and Mobility [M]. Atlantis Publishing Corporation，2013.

[29] Nagatani，T. Self-organization and phase transition in traffic-flow model of a two-lane roadway [J]. Journal of Physics A：Mathematical and General，1993，26（17）：L781-L787.

[30] Nagatani，T. Traffic jam and shock formation in stochastic traffic-flow model of a two-lane roadway [J]. Journal of the Physical Society of Japan，1994，63（1）：52-58.

[31] Chowdhury，D.，Santen，L.，Schadschneider，A. Statistical physics of vehicular traffic and some related systems [J]. Physics Reports，2000，329：199-329.

[32] CHOUDHURY C，BEN-AKIVA M E，TOLEDO T，et al. State dependence in lane changing models [J]. Transportation Research Record：Journal of the Transportation Research Board，2009，2124（1）：81-88.

[33] Steyvers，F. J. J. M.，& De Waard，D. Road-edge delineation in rural areas：Effects on driving behavior [J]. Ergonomics，2000，43：223-238.

[34] Ding C，Wang W，Wang X，et al. A Neural Network Model for Driver's Lane-Changing Trajectory Prediction in Urban Traffic Flow [J]. Mathematical Problems in Engineering，2013，2013：1-8.

[35] McGarvey T. Vehicle lateral position depending on road type and lane width：vehicle position surveys carried out on the Swedish road network [R]. Statens väg-och transportforskningsinstitut，2016，VTI rapport 892A.

第二部分

驾驶行为分析、建模与安全支持

第5章
险态驾驶行为特性分析与安全支持策略

在危险的交通环境中，驾驶人很难足够快速准确地对其他道路使用者或障碍物的状态以及场景的变化进行感知、判断决策和反应，在此情况下，驾驶人信息处理、操纵控制活动体现出输入信息量大、信息处理通道负荷有限、容错性要求高等特点，因此需要对驾驶人陷入险态交通环境时的驾驶行为特性进行量化分析，以支持不同自动驾驶等级智能汽车的辅助系统设计和技术应用。由于我国道路使用者在交通行为、生理和心理特征等方面与国外具有显著差异，独特的混合交通环境以及文化背景又形成了与国外不同的驾驶文化，在相应技术吸收与推广的过程中应重视驾驶行为的差异性以及跨文化研究开展的必要。

5.1 驾驶模拟实验方案设计

5.1.1 驾驶模拟平台与险态场景设计

驾驶模拟是一种安全、经济、道路环境可控且非常有效的采集驾驶行为数据的方式，驾驶人通过操作模拟器与虚拟交通环境进行交互，该方法对驾驶行为与安全研究具有非常重要的意义。本章将基于德国慕尼黑工业大学静态驾驶模拟实验平台，如图 5-1 所示，研究驾驶人面对险态场景时的驾驶行为特性。该驾驶模拟平台以一台宝马 6 系自动挡汽车为实验车辆，驾驶人操作环境与现实车辆操纵保持一致，车辆内部油门踏板、制动踏板、方向盘以及转向灯等基本部件的操作与真实情况完全相同，同时，行驶速度、发动机转速及行驶里程等基本信息都呈现在仪表盘上。此外，通过一个高质量的 6 通道投影系统提供了仿真驾驶环境，驾驶人前向视野约为 $180°$，左右及车内后视镜提供了后视野的道路交通状况。

图 5-1　静态驾驶模拟平台

运用 SILAB 仿真软件实现道路交通环境及驾驶场景的模拟，该仿真软件可以提供强大的实验场景设计，并实现场景之间的随意组合和排序，包括所有的道路类型（城市道路、乡村道路、高速公路）、多类道路使用者（小型汽车、大型汽车、摩托车、自行车、行人、动物等）、各种类型的道路景观以及交通元素（建筑、地形、植被、停车场、信号灯、交通标识等）、不同天气环境（雨、雪、雾、雷电等）。同时，SILAB 可以同步记录驾驶行为的相关参数，如车辆速度、加速度、位置、车头时距、横向距离等信息；其他道路使用者数据，如前后车速度、加速度等；道路信息，如道路长度、宽度、曲率等数据。图 5-2 所示为利用驾驶模拟器建立的模拟场景，以及软件界面和监控系统。

5.1.2　险态驾驶场景设计

道路交通风险多种多样，以交通冲突事件为例，按照陷入冲突的道路使用者类型可将险态场景分为三类：机动车冲突、机动车与非机动车/摩托车冲突以及机动车与行人冲突的险态场景。综合考虑不同险态场景的冲突严重性、危害性以及对驾驶行为的影响程度，实验设计了三类共六种险态场景，本章选取以下三种情况进行分析：机动车驾驶人遭遇突然变道的摩托车、机动车驾驶人遭遇停止的车辆、机动车驾驶人遭遇过街行人。为了增加实验场景的变化性以及避免驾驶人实验疲劳，在乡村道路（起点）、城市道路、高速公路（终点）上分别设置险态场景，并且在高速公路上设置方向指引，引导驾驶人进行如下路径的行驶：乡村道路—城市道路—乡村道路—高速公路。险态场景发生在整个闭环的不同位置，如图 5-3 所示。

图 5-2 SILAB 软件的模拟场景、软件界面及监控系统

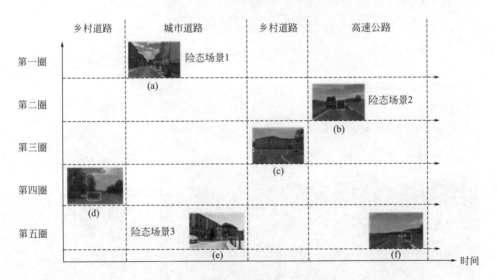

图 5-3 实验险态场景设计及道路类型

本章分析的三类场景设置如下。

（1）机动车驾驶人遭遇突然变道的摩托车（险态场景 1）

险态场景 1 发生在城市道路中，为一段双向两车道的直线路段，实验车辆前方没有任何车辆。该场景起始点、触发点以及结束点位置如图 5-4 所示，开始时刻，机动车驾驶人视线受路侧停车遮挡，摩托车在触发点启动后，速度与实验车辆速度保持一致，行驶 20m 后，摩托车并入实验车辆所在车道。

（2）机动车驾驶人遭遇停止车辆（险态场景 2）

险态场景 2 发生在高速公路上，如图 5-5 所示，为一段双向四车道的直线路段，最右侧车道连接匝道入口，最左侧道路被路障设施占据（如图中三角所示，长度 500m）。当实验车辆接近时，在前方 200m 处有两辆车以 80km/h 的速度行驶，在行驶 350m 后，头车（图中星号车辆）突然停止，第二辆车（图中阴影车辆）急转向到左侧车道，实验车辆（白车）成功避险后险态场景 2 结束。

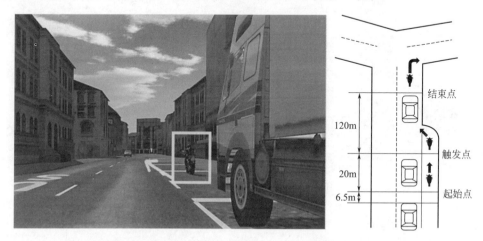

图 5-4　险态场景 1：机动车驾驶人遭遇突然并道的摩托车

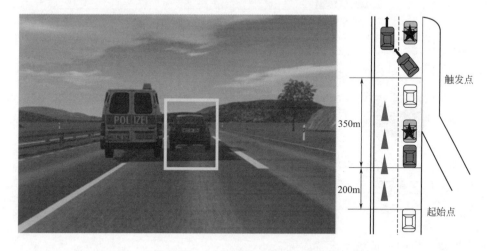

图 5-5　险态场景 2：在高速公路行驶中突然停止的车辆

（3）机动车驾驶人遭遇过街行人（险态场景 3）

如图 5-6 所示，第三个险态场景发生在城市双向两车道道路路段，对向有稳定车流，实验车辆前方没有其他车辆。行人在距离路边 2m 的地方，当实验车辆与行人的纵向距离为 40m 时，行人开始突然启动过街，速度为 2m/s。

图 5-6　险态场景 3：机动车驾驶人遭遇过街行人

全部实验过程包括被试基本情况调查、试驾驶、正式驾驶以及主观评测量表填写四个阶段，被试驾驶人需阅读并签署相关知情同意文件，在本实验中，分别招募只具有本国驾驶经验的中国和德国驾驶人（由于驾驶模拟实验平台在校园内部，被试均为年轻驾驶人）。

5.2　险态驾驶行为特征参数

驾驶模拟平台以 100Hz 的频率实时记录 45 类数据，原始数据包括驾驶行为相关数据（如坐标、速度、加速度、油门踏板位置、制动踏板位置、方向盘转角、车头间距等数据）、其他道路使用者行为数据（如摩托车或行人坐标、速度、加速度等数据）、道路参数（如道路等级编号、道路宽度、道路坡度、弯道曲率等数据）。在本研究中，从以上数据中提取 6 个反映驾驶行为的变量进行分析：速度变量、加（减）速度变量、刹车踏板位置变量、方向盘转角变量、距离变量和时间变量。通过对驾驶数据进行处理，可以得到描述险态场景中实验车辆与其他车辆/道路使用者的冲突严重性指标，选取碰撞时间（Time To Collision，TTC）和需要的减速度参数（Required Deceleration Parameter，RDP）用以表征险态驾驶行为特征。

(1) 碰撞时间（TTC）

碰撞时间是指当前道路使用者（驾驶人）若不改变其速度或者方向继续运动，与另一道路使用者发生碰撞的时间。碰撞时间被广泛地应用于交通安全评价以及作为碰撞预警系统的提醒阈值。碰撞时间分为两类，动态碰撞时间和静态碰撞时间。动态碰撞时间（DTTC）指驾驶人与前方运动中的车辆或其他交通使用者之间发生碰撞的时间，如式(5-1)所示，在 t 时刻，前后车的间距为 $X_i(t) - X_{i-1}(t)$，l_i

为车辆长度，速度差为 $V_i - V_{i-1}$，间距与速度差的比值即为动态碰撞时间。

$$DTTC = \frac{X_i(t) - X_{i-1}(t) - l_i}{V_i - V_{i-1}} \tag{5-1}$$

静态碰撞时间（$STTD$）是指驾驶人与前方静止的车辆或其他道路使用者发生碰撞或驾驶人到前方人行横道等具体位置的时间，如式(5-2) 所示，由于前方距离是固定的，因此，该距离与车辆速度的比值即为静态碰撞时间。在静态碰撞时间中，如果碰撞时间的数值为 0，则代表一个碰撞的发生。

$$STTC = \frac{\Delta X(t)}{V} \tag{5-2}$$

本章主要分析两种情况下的碰撞时间，驾驶人有意识减速时的碰撞时间以及险态场景中的最小碰撞时间。

（2）需要的减速度参数（RDP）

需要的减速度参数是指在已知距离和速度的情况下，为了不发生碰撞所需要的减速度，如式(5-3) 所示，其中 g 为重力加速度。本研究选取最大需要的减速度参数进行分析。

$$RDP = \frac{V^2}{2\Delta X(t)g} \tag{5-3}$$

5.3 不同险态场景下的驾驶行为特性分析

5.3.1 机动车—摩托车冲突场景驾驶行为特性

在此场景下，由于摩托车与实验车辆速度接近，因此最小碰撞时间（TTC）非常小，基本为 0，因此，在该情景中采用需要的减速度参数（RDP）作为冲突严重程度的指标来反映驾驶人在此险态场景的行为风险。表 5-1 为机动车—摩托车冲突场景中，中、德驾驶行为特性差异分析结果，其中，最大需要的减速参数存在显著差异，我国驾驶人在此场景下冲突严重程度更高，更倾向于较为激进的驾驶行为。图 5-7 通过箱线图展示了中、德驾驶人在需要的减速度参数的最大值、最大加速度、平均速度和距离障碍物最小距离四个方面的数据分布情况。在存在显著性差异的 RDP 值上，德国驾驶人在面对摩托车的突然并入时，需要的减速度最大值比较小，主要集中在 1.24～2.14m/s²，而我国驾驶人需要的减速度最大值较大，中位数达到了 2.7m/s²。在险态场景触发后驾驶人最大减速度的数据分布比较分散，这主要是非减速避险策略对此类数据带来的补偿。此外，驾驶人的车速选择行为也存在显著性差异，我国驾驶人在此险态场景中选择的平均车速是德国驾驶人的 1.2 倍。同时，在风险演化的过程中，我国驾驶人与冲突摩托车间的最小距离更低。

表 5-1　机动车—摩托车冲突场景驾驶行为特性参数

评价指标		均值（标准差）		T 检验值
		德国驾驶人（N＝21）	中国驾驶人（N＝15）	
冲突严重性	最大需要的减速度参数/(m/s²)	**1.79(0.88)**	**3.24(2.20)**	**2.748***
	碰撞数量/次	0	1	—
驾驶行为	最大减速度/(m/s²)	4.69(3.14)	3.84(3.51)	0.769
	平均速度/(m/s)	**13.31(2.24)**	**16.21(3.04)**	**−3.303****
	距离冲突对象的最小距离/m	6.41(0.81)	5.67(1.99)	1.496
	最大刹车踏板位置	1.37(1.09)	1.13(1.20)	0.632

注：＊代表显著性水平为 0.05；＊＊代表显著性水平为 0.01。

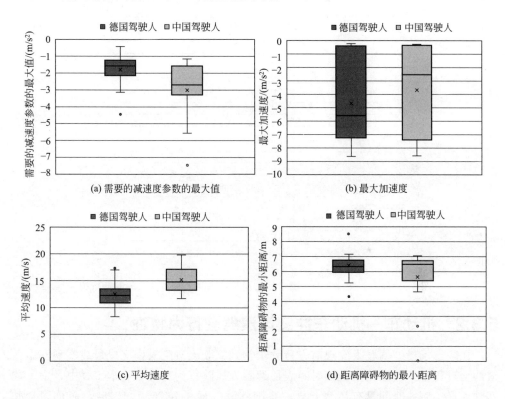

图 5-7　险态场景 1：中、德驾驶人的驾驶行为特性参数对比

驾驶人在此场景中的避险决策分为减速制动避险以及非减速制动避险，图 5-8 描述了前者在摩托车并入车道前后，两国驾驶人的减速行为表现。中部图形中深色曲线表示德国驾驶人在摩托车并入车道前以及刚并入时刻就开始进行有意识的减速，时间范围在并道前 1s 内及并道后 0.5s 内；另一类德国驾驶人在摩托车并入车道后的 1s 内进行有意识的减速，如图中稍浅色曲线表示，剩余德国驾驶人在摩托车并入后没有立即采取刹车行动，在 1s 以后才有意识地进行制动，如图中最浅色

曲线。整体而言，大多数德国驾驶人在并道前或并道后 1s 内采取制动以避免碰撞。极少数我国驾驶人是在摩托车并道前开始制动，大部分驾驶人是在并道后 1s 左右开始制动。

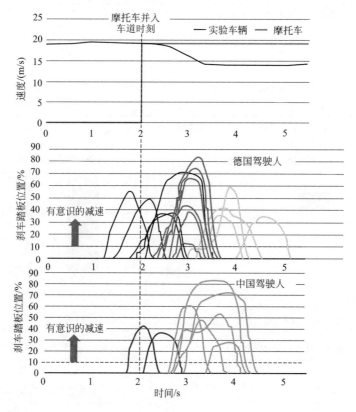

图 5-8　险态场景 1：中、德驾驶人在摩托车并入车道前后的制动行为

5.3.2　机动车—机动车冲突场景驾驶行为特性

在险态场景 2 驾驶人发现前方行驶车辆到驾驶人避险操作完成最终实现安全变道的全过程中，选取最小碰撞时间表征驾驶人风险行为特性。在表 5-2 中，中、德驾驶人最小碰撞时间具有显著差异，我国驾驶人最小 TTC 为 1.78s，而德国驾驶人为 2.36s，险态行为的风险程度更低。在实验过程中，有一例我国被试与静止的头车发生了碰撞。其他驾驶行为的特征指标情况为：我国驾驶人与前方车辆的最小距离为 41.39m，显著性小于德国驾驶人与前方车辆的最小距离。但是，两组样本在最大减速度、平均速度、方向盘最大转角、最大刹车踏板位置和反应时间等方面不存在显著性差异。在此，反应时间包括两类，减速反应时间（从驾驶人看到前方停止车辆的时刻到驾驶人有意识地进行减速的时刻）和转向反应时间（从驾驶人看到前方停止车辆的时刻到驾驶人有意识地进行转向的时刻）。

表 5-2   机动车—机动车冲突场景驾驶行为特性

评价指标		均值(标准差)		T 检验值
		德国驾驶人(N=21)	中国驾驶人(N=15)	
冲突严重性	最小碰撞时间/s	**2.36(0.65)**	**1.78(0.87)**	**2.262** *
	碰撞数量/次	0	1	—
驾驶行为	最大减速度/(m/s²)	3.87(3.53)	3.98(3.80)	0.09
	平均速度/(m/s)	24.98(3.13)	25.29(3.62)	−0.273
	距离冲突对象的最小距离/m	**56.14(15.29)**	**41.39(23.13)**	**2.277** *
	方向盘最大转角/(°)	38.96(15.47)	56.15(40.68)	−1.775
	最大刹车踏板位置	1.19(1.24)	1.35(1.50)	−0.347
	反应时间/s	1.60(0.54)	1.75(0.41)	−0.883

注： * 代表显著性水平为 0.05。

图 5-9 通过箱线图呈现了机动车—机动车冲突场景下，中、德驾驶人在最小碰撞时间、方向盘最大转角、平均速度以及距离前车最小距离等方面的数据分布情况。我国驾驶人在此情景中的最小碰撞时间集中在 1.21～2.09s，而德国驾驶人的最小碰撞时间集中在 1.80～2.79s，我国驾驶人比德国驾驶人的最小碰撞时间要少 0.6～0.8s，如驾驶人以 25m/s 速度行驶，该时间间隔对应于 15～20m 的距离。在

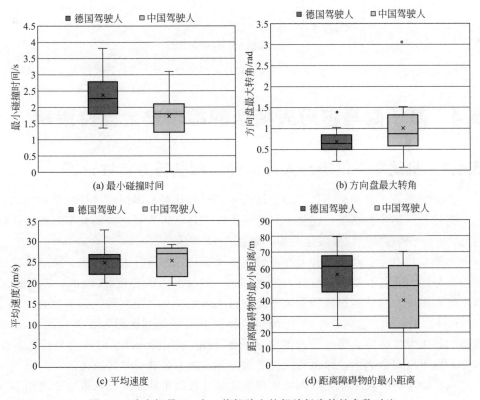

图 5-9   险态场景 2：中、德驾驶人的驾驶行为特性参数对比

驾驶人的转向操作行为方面，我国驾驶人的转向角范围较大，转向区间为33.18°～75.52°，最大转角达到了87.15°，即将方向盘转动了四分之一圈。此外，参数距离冲突对象的最小距离亦存在显著性差异，我国驾驶人在冲突发生过程中与冲突对象更为接近，进一步反映了较为激进的驾驶行为特性。

对该险态场景下最小碰撞时间和最小距离之间的关系进行分析，如图 5-10 所示，当实验车辆驾驶人与前方停止车辆的最小距离在 20m 以内时，实验车辆的最小碰撞时间小于 1s；当最小距离为 20～50m 时，最小碰撞时间为 1～2s；当最小距离为 50～70m 时，最小碰撞时间为 2～3s；当最小距离大于 70m 时，最小碰撞时间大于 3s。多数德国驾驶人的最小碰撞时间都集中在 2～3s。

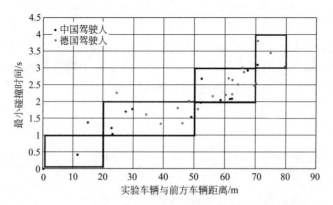

图 5-10　险态场景 2 中最小碰撞时间和最小距离关系分析

5.4　基于隐马尔可夫模型的险态安全支持策略

5.4.1　机动车—过街行人冲突场景驾驶行为特性分析

在险态场景 3 机动车—行人冲突场景中，根据驾驶人不同的通行决策和运动状态，将导致三类冲突结果：实验车辆驾驶人先于过街行人通过、实验车驾驶人让行（行人先于车辆过街）以及发生碰撞，如图 5-11 所示。

如图 5-12 所示，被试驾驶人在该情景下速度选择、与行人的距离、减速反应时间的差异性，决定了是否会与行人发生冲突。当驾驶人的速度在 15m/s（54km/h）以上时，将在 2.5s 内通过该情景，不会与行人发生冲突。当驾驶人的速度在 11m/s（40km/h）到 15m/s（54km/h）之间时，驶过 40m 的时间区间为 2.5～3.5s，此时将会与行人发生碰撞。当驾驶人的速度低于 11m/s（40km/h）时，会与行人发生冲突，但可以安全避让，即在行人过街前停车或者有足够的时间减速。

在机动车—摩托车冲突险态场景和机动车—机动车冲突险态场景中，碰撞事故发生比率极低，驾驶人在中低险态场景中可以保证驾驶安全。在机动车—行人冲突

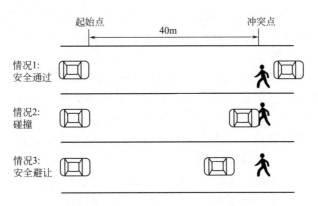

图 5-11 三类机动车—行人冲突结果

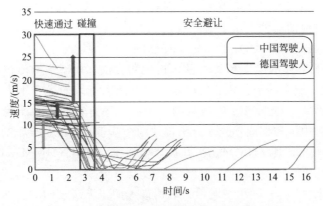

图 5-12 驾驶速度与险态场景冲突之间的关系

险态场景中，不同实验结果（碰撞、安全避让）区别明显，因此，可以利用隐马尔可夫模型对两种实验结果中的驾驶行为进行划分，并预测分类准确性，以揭示机动车—行人冲突险态场景中驾驶行为特性。

5.4.2 机动车—过街行人冲突场景驾驶风格划分

隐马尔可夫模型（HMM）是在 Markov 链的基础上建立和发展而来的。由于实际问题中的随机情况更为复杂，通常能观察到的事件不总是与 Markov 链的状态一一对应，而是通过一组概率分布将两者联系在一起。因此，HMM 是一个双重随机过程，其中状态转移过程是不可观察的 Markov 链，而可观察的事件的随机过程是隐蔽的状态转换过程的随机函数。HMM 中 Markov 链的状态信息不能直接观察到，但能通过观测向量序列观察到，每个观测向量都是通过某些概率密度分布表现为各种状态，每一个观测向量由一个具有概率密度分布的状态序列产生。

隐马尔可夫模型已在语音识别、签名识别、手势识别等诸多领域中取得了成功的应用。近年来，众多学者利用隐马尔可夫模型识别驾驶人意图，预测驾驶行为，包括直行、转弯、刹车、换道、超车以及在十字路口面对交通信号时的决策行为，同样取得了较好的效果，充分体现出隐马尔可夫模型算法成熟、计算效率高且易于训练等优点。

在驾驶人安全倾向性或风格划分方面，HMM 模型也进行了部分应用，其结果为交叉路口的防碰撞系统设计提供了理论支撑。此外，有学者将 HMM 引入到机动车—行人冲突情景中，将驾驶人划分为意识到行人（Driver is Aware of Pedestrian，DAP）和没有意识到行人（Driver is Unaware of Pedestrian，DUP），同时利用驾驶模拟器实验数据对模型进行了验证。

在本章的静态驾驶模拟实验中，对于机动车与过街行人冲突的险态场景 3，我国驾驶人安全通过和碰撞的比例较高，但是在同一种情况下（快速通过、碰撞及安全避让），中、德驾驶人的驾驶行为接近，没有明显差异。因此，基于上述分析结果，在中国、德国两个驾驶组别中，分别对碰撞和安全避让的驾驶行为特性进一步分析。将发生碰撞的驾驶人认定为激进型（AD，Aggressive Driver），将安全避让的驾驶人认定为保守型（CD，Conservative Driver）。

提出基于 HMM 的险态场景驾驶风格预测方法，模型观测值包括驾驶人的速度、加/减速度、刹车踏板位置、转向角，以及距离行人的最小距离。这些数据均是连续变量，因此，在 HMM 模型观测矢量的概率分布使用高斯混合分布。依据驾驶行为，针对中国和德国驾驶人分别构建两个基于高斯混合分布的隐马尔可夫模型：激进型驾驶人模型（HMM_{AD}）和保守型驾驶人模型（HMM_{CD}）。

首先，关注 HMM 模型的学习问题。假设有分别来自激进型驾驶人（O_{AD}）和保守型驾驶人（O_{CD}）两组观测值。利用最大期望算法（EM），两个模型 $\lambda_{AD} = \{\pi_{AD}, A_{AD}, B_{AD}\}$ 和 $\lambda_{CD} = \{\pi_{CD}, A_{CD}, B_{CD}\}$ 可以分别由观测值 O_{AD} 和 O_{CD} 学习得来。通过最大化观测序列的局部概率可以调整给定的模型。将观测序列 O 和模型初始参数 $\lambda = \{\pi, A, B\}$ 代入重估公式，通过多次迭代算法使局部概率最大化，即模型参数 λ 不再明显变化，可表示为，$\bar{\lambda}_{AD} = \arg \max P(O_{AD} \mid \lambda_{AD})$ 和 $\bar{\lambda}_{CD} = \arg \max P(O_{CD} \mid \lambda_{CD})$。

其次，关注 HMM 模型的评估问题。给定一组新的观测序列 O'，利用前向算法可以计算得到前向概率 $P(O' \mid \lambda_{AD})$ 和 $P(O' \mid \lambda_{CD})$。这些概率可以反映模型观测序列的匹配程度。由于一开始并不知道观测序列来自于哪个模型，因此，初始前向概率设置为 $P(\lambda_{AD}) = P(\lambda_{CD}) = 0.5$。

最后，通过似然比确定驾驶人属于激进型或者保守型，似然比表示为：

$$\frac{P(O', \lambda_{AD})}{P(O', \lambda_{CD})} = \frac{P(O' \mid \lambda_{AD}) P(\lambda_{AD})}{P(O' \mid \lambda_{CD}) P(\lambda_{CD})} = \frac{P(O' \mid \lambda_{AD})}{P(O' \mid \lambda_{CD})} > e^{\tau_h} \tag{5-4}$$

一般情况下，该比值通过对数概率计算，因此引入 e 值。阈值 τ_h 可以调整分类器的保守程度。

高斯混合分布的隐马尔可夫模型在 MATLAB 中通过改写特定模块实现。在机动车—行人冲突险态场景中，有 10 位德国实验者安全避让行人，6 位德国实验者与行人发生碰撞。另外，有 5 位我国实验者安全避让行人，4 位我国实验者与行人发生碰撞。由于样本数量的限制，本文中采用了交叉验证的方式对样本进行训练和预测，即每次选取 $n-1$ 个样本训练模型，利用剩余的 1 个样本对训练模型进行验证，如此循环 n 次，每一个样本都得到了验证。训练样本包含的参数有速度、加/减速度、刹车踏板位置、转向角，以及与行人的最小距离。

设定隐状态数为 $N=10$，高斯状态数为 $M=2$，对于我国驾驶人，阈值 $\tau_h=1.0$，对于德国驾驶人，阈值 $\tau_h=0.8$。HMM 预测结果如表 5-3 所示，德国驾驶人的 HMM 模型预测准确率达到了 87.5%，其中，尽管在 D1 和 D9 两个样本中，驾驶人安全避让了行人，但是 HMM 模型将其归为激进型驾驶人，预测概率接近 50%。实际上，D1 和 D9 的最小碰撞时间分别为 0.33s 和 0.44s，同时，他们与行人的最小距离分别为 3.45m 和 1.13m。我国驾驶人的 HMM 模型预测准确率为 88.89%，其中，C1 样本以较大概率被预测为激进型驾驶人。

表 5-3　险态场景 3 中激进型与保守型驾驶人预测结果

保守型		HMM/%	SVM/%	$TTC_{warning}$ /s	激进型	HMM/%	SVM/%	$TTC_{warning}$ /s
德国驾驶人 ($\tau_h=0.8$)	D1	43	100	2.96	D11	68	100	3.17
	D2	89	100	2.10	D12	63	100	3.08
	D3	90	100	2.08	D13	89	100	3.57
	D4	96	100	1.96	D14	65	100	3.12
	D5	95	100	1.98	D15	64	100	3.10
	D6	96	100	1.96	D16	72	100	3.25
	D7	93	100	2.02				
	D8	90	100	2.08				
	D9	49	100	2.85				
	D10	92	100	2.04				
中国驾驶人 ($\tau_h=1.0$)	C1	12	100	2.75	C6	75	100	2.57
	C2	83	100	1.77	C7	68	100	2.48
	C3	66	100	2.01	C8	60	100	2.37
	C4	83	100	1.77	C9	79	100	2.63
	C5	65	100	2.02				

注：D1~D10 表示安全避让的德国样本，D11~D16 表示发生碰撞的德国样本；C1~C5 表示安全避让的中国样本，C6~C9 表示发生碰撞的中国样本。

为了验证 HMM 预测准确性，本文利用支持向量机模型（Support Vector Machine，SVM）对此分类再次进行预测。支持向量机是基于统计学习理论中的结构风险最小化原则提出的一种通用学习机器。支持向量机的提出对于解决有限样本情况下的二元分类问题提供了解决方法。基于结构风险最小化原则，支持向量机的算法具有非常好的推广能力，因此，被广泛应用于人像识别、文本识别和生物信息学等领域。

近年来，SVM 在主动安全领域同样有广泛应用，包括车道偏离预警系统，驾驶人分神监测算法以及驾驶人技能特征分类。支持向量机也被应用于研究驾驶行为，例如预测驾驶行为（转向、换道）、驾驶风格识别、驾驶行为分类。

由于 SVM 是一种二分类学习机器，其预测结果为 0 或者 100％。SVM 对小样本分类的优势在本节中用以验证 HMM 的预测结果。如表 5-5 所示，SVM 关于两种类型的驾驶人的预测概率均为 100％，即将安全避让的驾驶人归为保守型、将碰撞的驾驶人归为激进型这种分类是合理的。

5.4.3　基于隐马尔可夫模型的险态安全支持策略

在上文基础上，进一步研究险态场景 3 下的碰撞预警时间，以提示驾驶人前方道路变化情况避免碰撞的发生。很多研究表明碰撞时间（TTC）模型可以用于设计碰撞预警系统，且效果较好。在此，利用 HMM 预测概率以及不同样本的最小碰撞时间计算预警时间，公式表达如下：

$$TTC_{warning} = TTC_{min} \times P_{CD} + TTC_{max} \times P_{AD} + TTC_{critical} \tag{5-5}$$

式中，TTC_{min} 和 TTC_{max} 分别表示样本中最小碰撞时间的最小值和最大值；$TTC_{critical}$ 为最小碰撞时间的极限值；P_{CD} 和 P_{AD} 分别表示 HMM 关于保守型驾驶人和激进型驾驶人的预测概率。

首先，需要确定最小碰撞时间的极限值 $TTC_{critical}$。根据最小碰撞时间与不同比例人群的反应时间之间的关系，选取反应时间作为最小碰撞时间，即 $TTC_{min}=1$ 作为极限值，其意义为：当最小碰撞时间为 1s 时，驾驶人的操作将被车辆取代，车辆主动制动以避免碰撞的发生。对于激进型和保守型驾驶人而言，由于驾驶行为的差异，碰撞预警时间是不同的。由于激进型驾驶人与行人发生碰撞，最小碰撞时间为 0，同时，他们在减速过程中的最小碰撞时间均小于极限值 1s。因此，在保守型驾驶人样本中选取最小碰撞时间的最小值和最大值。在此选取最小碰撞时间的上下四分位数作为最大值和最小值。碰撞预警时间计算结果如表 5-3 中所示。

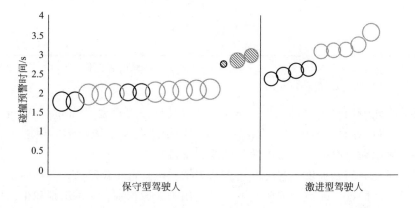

图 5-13　两个组别中驾驶人碰撞预警时间分布情况及 HMM 预测概率

图 5-13 呈现了两个组别中碰撞预警时间的分布，其中黑色圆圈代表我国驾驶人，浅灰色圆圈代表德国驾驶人，圆圈大小代表 HMM 预测概率值。有填充的圆圈代表 HMM 预测错的样本。结合表 5-5 中的数据可以得到，对于中国和德国保守型驾驶人，碰撞预警时间为 1.75～2.10s。对于激进型驾驶人，适合我国驾驶人的预警时间大约为 2.50s，适合德国驾驶人的预警时间大约为 3.10s。

综上，当最小碰撞时间小于极限值时，车辆主动制动；当最小碰撞时间介于极限值和碰撞预警时间之间时，车辆提醒驾驶人前方存在危险；当最小碰撞时间大于预警时间时，不需要提醒驾驶人。

本章基于静态驾驶模拟平台构建了机动车驾驶人遭遇突然变道的摩托车、机动车驾驶人遭遇停止车辆、机动车驾驶人遭遇过街行人三类险态场景，对我国和德国驾驶人险态驾驶行为特征参数进行量化分析；利用隐马尔可夫模型对高危险情景中驾驶人行为进行分类及预测，同时，采用支持向量机模型验证了分类的准确性；结合最小碰撞时间参数以及隐马尔可夫预测概率，考虑驾驶习惯，针对不同驾驶风格提出机动车与过街行人发生交通冲突时的预警时间方案。

参 考 文 献

［1］ Hou H J, Jin L S, Niu Q N, et al. Driver intention recognition method using continuous hidden markov model [J]. International Journal of Computational Intelligence Systems, 2011, 4 (3): 386-393.

［2］ Wang X, Zhang Y, Jiao J. A state dependent mandatory lane-changing model for urban arterials with hidden markov model method [J]. International Journal of Transportation Science and Technology, 2019, 8 (2): 219-230.

［3］ Oliver N, Pentland A P. Graphical models for driver behavior recognition in a smartcar [C] //Proceedings of the IEEE Intelligent Vehicles Symposium 2000 (Cat. No. 00TH8511). IEEE, 2000: 7-12.

［4］ Gadepally V, Krishnamurthy A, Ozguner U. A framework for estimating driver decisions near intersections [J]. IEEE Transactions on Intelligent Transportation Systems, 2014, 15 (2): 637-646.

［5］ Amsalu S B, Homaifar A. Driver behavior modeling near intersections using Hidden Markov Model based on genetic algorithm [C] //2016 IEEE International Conference on Intelligent Transportation Engineering (ICITE). IEEE, 2016: 193-200.

［6］ 吕岸, 胡振程, 陈慧. 基于高斯混合隐马尔科夫模型的高速公路超车行为辨识与分析 [J]. 汽车工程, 2010, 32 (7): 630-634.

［7］ Aoude G S, Desaraju V R, Stephens L H, et al. Driver behavior classification at intersections and validation on large naturalistic data set [J]. IEEE Transactions on Intelligent Transportation Systems, 2012, 13 (2): 724-736.

［8］ Phan M T, Fremont V, Thouvenin I, et al. Estimation of driver awareness of pedestrian based on Hidden Markov Model [C] //2015 IEEE Intelligent Vehicles Symposium (IV). IEEE, 2015: 970-975.

［9］ Fukagawa Y, Yamada K. Estimating driver awareness of pedestrians from driving behavior based on a probabilistic model [C] //2013 IEEE Intelligent Vehicles Symposium (IV). IEEE, 2013: 1155-1160.

［10］ Mandalia H M, Salvucci D D. Using support vector machines for lane change detection [J]. Human Factors and Ergonomics Society Annual Meeting Proceedings, 2005, 49 (22): 1965-1969.

［11］ Liang Y, Reyes M L, Lee J D. Real-time detection of driver cognitive distraction using support vector machines [J]. IEEE Transactions on Intelligent Transportation Systems, 2007, 8 (2): 340-350.

[12] Ersal T, Fuller H J A, Tsimhoni O, et al. Model-based analysis and classification of driver distraction under secondary tasks [J]. IEEE Transactions on Intelligent Transportation Systems, 2010, 11 (3): 692-701.

[13] Zhang Y, Lin W C, Chin Y K S. A Pattern-Recognition Approach for Driving Skill Characterization [J]. IEEE Transactions on Intelligent Transportation Systems, 2010, 11 (4): 905-916.

[14] Dou Y, Yan F, Feng D. Lane changing prediction at highway lane drops using support vector machine and artificial neural network classifiers [C] //2016 IEEE International Conference on Advanced Intelligent Mechatronics (AIM). IEEE, 2016: 901-906.

[15] Wang W, Xi J. A rapid pattern-recognition method for driving styles using clustering-based support vector machines [C] //2016 American Control Conference (ACC). IEEE, 2016: 5270-5275.

[16] Amsalu S B, Homaifar A, Afghah F, et al. Driver behavior modeling near intersections using support vector machines based on statistical feature extraction [C] //2015 IEEE intelligent vehicles symposium (IV). IEEE, 2015: 1270-1275.

[17] Zhao M, Kathner D, Jipp M, et al. Modeling driver behavior at roundabouts: Results from a field study [C] //2017 IEEE Intelligent Vehicles Symposium (IV). IEEE, 2017: 908-913.

[18] Yoshida H, Awano S, Nagai M, et al. Target following brake control for collision avoidance assist of active interface vehicle [C] //2006 SICE-ICASE International Joint Conference. IEEE, 2006: 4436-4439.

[19] 王建强, 迟瑞娟, 张磊, 等. 适应驾驶员特性的汽车追尾报警/避撞算法研究 [J]. 公路交通科技, 2009, 26 (SI): 7-12.

第6章
弱势道路使用者交通冲突中的驾驶行为分析

我国混合交通环境中道路使用者通行条件严峻，不同交通态势及各类环境因子对道路使用者交通行为的影响亦十分复杂，极易引发交通冲突甚至造成交通事故。由于交通冲突与交通事故都是道路交通系统各部分相互作用的过程，对观测获得的交通冲突进行分析可以更为直观地反映该过程。因此，对交通冲突尤其是有弱势道路使用者（行人、自行车骑车人等）参与的交通冲突进行研究，能够有效地描述交通事故发生的前状态，进而采用相应的安全辅助措施，保障弱势道路使用者交通安全。

车辆与弱势道路使用者交通冲突的研究已有几十年的历史，但涉及冲突行为安全的研究还是略少于机动车之间交通冲突行为/碰撞安全的研究，后者的研究成果主要体现在驾驶行为具体参数的分析（安全车速、安全距离、碰撞时间、车头时距等）、安全指标和评价方法的构建、道路/驾驶环境对驾驶行为安全性的影响分析、冲突机理和安全措施等多方面。而车辆与弱势道路使用者交通冲突行为的研究（以机动车-行人为例）多集中在冲突参与方即机动车驾驶人、行人各自的交通行为特性、安全行为界定等研究内容。

与上一章研究背景相似，本章将基于不同国家的机动车驾驶人与弱势道路使用者交通冲突环境，对人车冲突中驾驶行为时空特性进行分析与对比，揭示我国混合交通环境的特殊性以及道路使用者交通行为的差异性，为开发适合我国混合交通环境与弱势道路使用者通行条件的人车冲突危险辨识与安全辅助技术提供相应支持。

6.1 机动车-行人交通冲突时空特性

交通冲突是发生在一定时间和空间范围内某特定位置或某区域内的交通事件，前者这一特定位置可被视为冲突点，后者则可视为冲突线。在行人与机动车的交通冲突中，由于行人与车辆在尺寸、形态、质量上的差异，很难观察到两者之间的合并行为，冲突只是在特定位置发生，因此本章只对点冲突进行探讨。

交通冲突点是潜在的交通事故发生的地点，是指某条道路或车道上的道路使用者与同条道路或车道上的其他道路使用者发生交叉、分流或合流冲突的固定地点。如图 6-1 所示描述了一例实际人行横道上的行人与机动车发生交通冲突的情况，CP（Conflict Point）为潜在冲突点。

图 6-1　行人与机动车交通冲突实例

在此例中，冲突双方采取避让行为以避免碰撞。对于驾驶人来说，可能会在意识到行人的过街行为后踩下制动踏板，也可能会突然转向或同时采取两种操作。仅考虑驾驶人制动行为，该冲突事件可以描述为：行人 A 试图从人行横道处过街，车辆 B 沿车道行驶并将通过人行横道继续前行，如果不采取规避动作，预计冲突双方将到达 CP；但在 t_2 时刻，驾驶人开始减速，直到行人安全过街，驾驶人成功避让。图 6-2 描述了该冲突的时空演变过程。

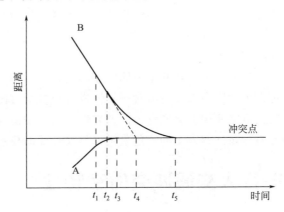

图 6-2　驾驶人减速让行的人车冲突过程

图中时刻 $t_1 \sim t_5$ 的定义如下。

在时刻 t_1，车辆 B 发现在人行横道上有可能与行人发生碰撞；

t_2 时刻，为避免碰撞，车辆 B 开始制动；

在 t_3 时刻，行人 A 到达 CP；

在 t_4 时刻，如果驾驶人没有采取规避动作，车辆 B 将到达 CP；

在 t_5 时刻，车辆 B 实际到达 CP。

区别于上一种情况，如果车辆接近一个潜在的冲突点而行人距离较远时，行人步行至冲突点的时间较长，在此情况下，驾驶人可以在行人到达之前加速通过冲突点。或者两个连续过街的行人之间时间间隔足够大，车辆可以选择加速通行。图 6-3 为车辆 B 选择加速通行进而避免与行人 A 发生碰撞的情况。

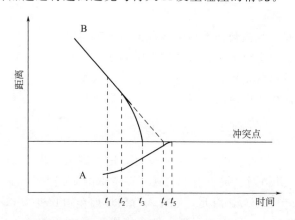

图 6-3　驾驶人加速通过的人车冲突过程

图中时刻 $t_1 \sim t_5$ 的定义如下。

在时刻 t_1，车辆 B 发现在人行横道上有可能与行人发生碰撞；

t_2 时刻，车辆 B 加速进而避免碰撞；

在 t_3 时刻，车辆 B 实际到达 CP；

在 t_4 时刻，驾驶人按原车速行驶到达 CP；

在 t_5 时刻，行人 A 实际到达 CP。

6.2　弱势道路使用者交通冲突数据采集方法

为了获得真实的交通数据，国内外研究人员进行了大量实验，采用各种方法来进行数据采集。最广泛采用的方法是视频记录，该方法能够对真实交通数据进行充分记录并用于构建符合实际交通情况的模型。第二类采集道路使用者行为（例如驾驶行为）数据的方法是使用安装相应传感器的仪器车辆，该方法试验成本较高且能采集到的被试样本以及交通场景类型有限。此外，还可通过定位系统（GPS、北斗）或图像处理技术等进行交通数据的收集和分析。虽然这种方法提供了更准确的数据，但涉及一些生心理因素的道路使用者的具体行为，如酒精的影响等，该类方法无法准确记录。还有一类非常重要的数据采集方法则是通过驾驶模拟器或计算机模拟，但关于模拟器或仿真中的交通数据是否反映真实交通场景的不确定性仍需充分考虑。在本章中，将视频记录和图像处理作为交通冲突和道路使用者行为分析的主要数据采集方法。

冲突观测与数据采集的地点选取则可以依据道路交通事故相关统计信息，选择具有较高事故率和较低公众安全感的观测地点。由于本章研究对象和内容与跨文化交通行为安全相关，因此选择两个国家交通条件相近的实测地点，重点考虑所选观测点应具有相同的交通量、道路类型、道路使用者类型及比例、土地利用情况等，其他考虑如下。

① 在观测期间，视频数据采集可视范围内无障碍物；

② 可观测记录单个行人和行人群体与机动车发生交通冲突的情况；

③ 可观测记录单台车辆和队列行驶车辆与行人发生交通冲突的情况；

④ 交通标志标线等应对所有道路使用者清晰可见；

⑤ 无路侧停车；

⑥ 光照和道路路面条件。

有研究表明，驾驶人若以 11m/s 的车速行进至离人行横道 38m 处开始注意到两侧的过街行人，并可对其进行有效扫视。在本章的研究中，实际观测地点车辆的平均行驶速度为 8～12m/s，因此，选择人行横道前车道长度 40m 作为视频观测范围以便完整观测整个冲突过程（观测条件允许则选择更长距离）。观测时间可以根据交通流量的大小分为高峰时段和/或非高峰时段（非节假日）。如图 6-4 所示为观测点位置示意图。

图 6-4　观测点位置示意图

由于观测地点人行横道与车道垂直，且在冲突过程中驾驶人与人车单元无行驶方向的变化，均为沿车道方向的运动，因此，过街行人与车辆冲突呈直角。在观测过程中，使用人行横道过街（或距离人行横道不到 2m）的行人与小型车（单个车辆或队列行驶）发生冲突则记录为一例交通冲突。

本研究选择了7处观测地点，包括3处位于北京市的无信号路段人行横道和一处信号控制人行横道，以及3处位于德国慕尼黑市的无信号路段人行横道。观测地点车流量、行人流量、平均车速、乘用车比例等相近。尽管综合城市道路环境和人行横道的几何形状稍有不同，但根据观察，每个国家的平均行人过街速度在一定范围内保持不变，不随人行横道的宽度而变化。

研究对象为两类机动车-行人交通冲突场景。

第Ⅰ类：单车与单个行人/多个行人冲突；

第Ⅱ类：队列行驶车辆与单个行人/多个行人冲突。

在观测期间，由于非机动车流量极小，故忽略此影响。

6.3　驾驶人避险决策分析

在与弱势道路使用者发生交通冲突情况下，驾驶人采取减速让行或不减速/加速通过的避险决策，根据观测数据分析，我国与发达国家驾驶人让行行为存在较大差异性。表6-1列出了我国和德国驾驶人在不同人车冲突场景中的让行行为情况。

表 6-1　驾驶人让行行为情况

冲突场景驾驶人决策	德国	中国
驾驶人让行（单车冲突）	73.13%	45.46%
驾驶人让行（队列行驶车辆）	82.22%	56.81%
驾驶人未让行（单车冲突）	26.87%	54.54%
驾驶人未让行（队列行驶车辆）	17.78%	43.19%

总的来说，实测数据表明在冲突情况下，无论是单车驾驶人（73.13%）还是队列行驶驾驶人（82.22%），德国驾驶人的让行比率均要高于我国驾驶人，造成这一现象的原因是大多数德国驾驶人不仅习惯于单车遭遇过街行人时的让行，也习惯于多车在队列行驶时的让行。我国驾驶人在单独驾驶车辆（45.46%）以及队列行驶时（54.54%）让行比率有9%的差异；同样地，德国单车驾驶人的让行比率亦略低于队列行驶车辆驾驶人。当驾驶人在队列行驶时，由于头车驾驶人可能已让行，则后续车辆驾驶人没有机会做出让行决策，其驾驶行为依赖于前车驾驶人的行为表现。从冲突行人的角度而言，我国行人存在潜在不"信任"机动车驾驶人的情况。另一方面，考虑到驾驶人对行人过街决策的认知，这种"不信任"可能会被驾驶人普遍接受，进而被解读为行人放弃了先行权。因此，多数我国驾驶人在避险的过程中做出不让行的决策。

6.4　驾驶人减速让行行为分析

在实际交通环境中，当驾驶人遭遇过街行人并试图踩下制动踏板时，除非遇到严重情况，否则驾驶人宁愿减速也不愿停车。这种冲突事件可以描述为"自由行驶-遭遇行人-减速让行-无干扰通过"的过程。本节基于道路使用者冲突轨迹数据序列对减速段驾驶人—车辆单元规避动作进行了量化分析。

6.4.1　减速度变化过程

减速度是描述驾驶人在冲突过程中避险决策的重要参数，也是评价交通冲突严重程度的基本指标，在此对驾驶人在道路远侧遭遇行人到潜在冲突点的整个接近过程中各空间段的平均减速度进行分析。图 6-5 描述了单车在包括了让行与不让行两类情况下，驾驶人—车辆单元的平均减速度波动情况，从图中可以看出，驾驶人—车辆单元会在距离冲突点 30～40m 处开始减速直到距离冲突点 3～5m 处，然后稍加速通过冲突点。减速度则反映了驾驶人认为可以避免碰撞的那一刻所采取的有效行为决策。

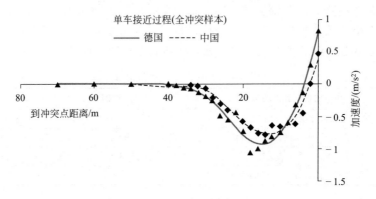

图 6-5　单车冲突时平均减速度空间变化情况

我国驾驶人的平均减速过程比德国驾驶人更为平缓，主要原因是我国不减速/加速通过人行横道、未让行过街行人的情况占一定比例，从而降低平均减速度绝对值。同样的，最大平均减速度也会受到我国不让行驾驶人的影响，远低于德国。德国驾驶人对冲突情景的反应比我国驾驶人要早，我国驾驶人—车辆单元在冲突点前约 32m 处开始增加平均减速度，德国驾驶人—车辆单元在冲突点前约 35～40m 处开始增加平均减速度。

如图 6-6 所示为德国单车与行人冲突的平均减速度变化过程。实线是全冲突样本的平均减速度，虚线是减速让行情景下的平均减速度，两条曲线非常接近也说明了让行比率较高这一现象。如图 6-7 所示为我国驾驶人—车辆单元平均减速的趋势曲线。与图 6-6 相同，实线为全冲突样本的平均减速度，虚线为让行情景下的减速度。这两条曲线的主要区别是平均最大减速度以及接近冲突点时的加速表现。如前文所述，全冲突样本的平均最大减速度由不让行驾驶人的加速模式来平衡。

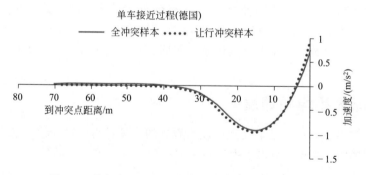

图 6-6　单车冲突时平均减速度空间变化情况（德国）

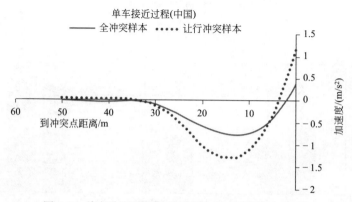

图 6-7　单车冲突时平均减速度空间变化情况（中国）

　　对让行驾驶人在接近过程中的平均减速度进行比较，绘制趋势曲线如图 6-8 所示。中德两国的主要差异在于：德国驾驶人减速让行并驶向潜在冲突点的过程更倾向于较为缓和的减速和加速，而我国驾驶人行为表现则倾向于选择更大的减速度，最大平均减速度绝对值高于德国驾驶人；我国驾驶人—车辆单元的减速起点在距离冲突点 30m 左右，而德国的减速起点在距离冲突点 35~40m 区间内；德国驾驶人—

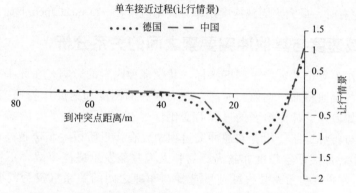

图 6-8　单车冲突时平均减速度空间变化情况（让行情景）

车辆单元最大减速发生在距离冲突点 16～18m 处，而我国驾驶人—车辆单元最大减速发生在距离冲突点 14～16m 处，更为接近冲突点。行人步行通过冲突点后驾驶人开始选择加速驶离的位置在两国基本相同，我国驾驶人更倾向于选择稍大的加速度。

6.4.2 最大平均减速度

我国驾驶人在让行情景下表现出较为激进的驾驶行为，这导致了最大平均减速度的差异。如图 6-9 所示给出了中德两国在三种情况下该参数的比较。

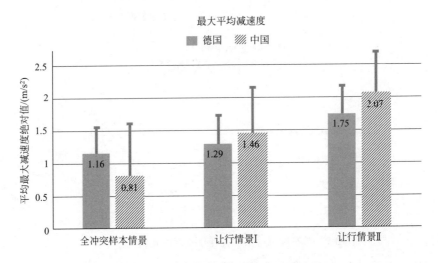

图 6-9 不同冲突情景下的最大平均减速度

让行情景Ⅰ—单方向车流量较低时；让行情景Ⅱ—单方向车流量为 1500pcu/h 时

如前文所述，我国全冲突样本的最大平均减速度低于德国，而在减速让行的情况下，我国驾驶人选择的最大平均减速度比德国高 13％～18％。车流量越高，两国驾驶人均倾向于选择更高的最大平均减速度避免碰撞，当单方向车辆流量为 1500pcu/h 左右时，最大平均减速度是单方向车流量在 800～1200pcu/h 时的 1.4 倍。

6.4.3 减速度与其他冲突要素之间的关系分析

减速度作为判定冲突严重程度指标，其受多种因素的影响，在此主要针对冲突参与者的外部交通特征，选取与时间、距离相关的测度和速度作为冲突情景要素，讨论减速度如何随着冲突演变的过程而变化。

驾驶人与弱势道路使用者交通冲突过程中，在接近阶段，车速越高，碰撞时间（TTC）越小，冲突严重程度亦越高。驾驶人为避免发生碰撞事故，不得不加大制动。图 6-10 为冲突初始驾驶人减速度选择与车速之间的关系（仅为驾驶人选择减速避让的情况，加速通行避让行人的情况未包括在内；我国样本量 N＝128，德国

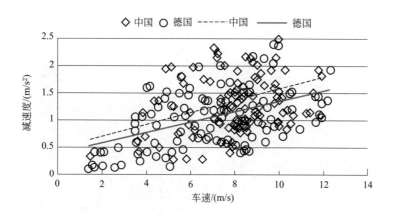

图 6-10　让行情景下减速度与车速关系

N＝124）。图中显示减速度与车辆接近速度有一定的线性关系，在相同的车速下，我国驾驶人倾向于选择更大的减速度。

　　冲突双方的位置关系可作为冲突情景要素用以描述冲突在空间上的演化过程，选择驾驶人—车辆单元到冲突点纵向距离以及过街行人到冲突点的横向距离作为此类要素，结合观测减速度数据，构建 m×3 数值矩阵，即运用 Matlab 以车辆到冲突点的纵向距离（LODV）为 x 轴，行人到冲突点的横向距离（LADP）为 y 轴，RGB 颜色表示相应减速度构建色图，反映空间冲突情景要素与驾驶人让行决策的映射关系，如图 6-11 所示。

　　与我国的情况相比，德国驾驶人的有效减速区域（阴影部分）相对较大，这表明德国驾驶人会在较大的距离范围内对过街行人做出反应，此区域约为 25m×8m，而我国约为 18m×7m。我国驾驶人感知行人运动状态并对其做出减速让行决策的最远行人横向距离为 7～8m，相比而言德国驾驶人会对距离冲突点更远的过街行人做出反应。对于我国驾驶人来说，制动减速度最大的位置发生在驾驶人—车辆单元距离冲突点 14～18m、行人距离冲突点 2～5m 处，而德国则发生在驾驶人—车辆单元距离冲突点 10～25m、行人距离冲突点 2～7m 处，行人与机动车相对位置呈 0.1～0.2rad。

　　接下来探讨冲突时间情景要素的组合对减速度的影响，在此将驾驶人—车辆单元与过街行人在某时刻以当前速度到达冲突点的时间作为此时间情景要素，分别为 TTCP_VEH 和 TTCP_PED，图 6-12 表述了该类要素与驾驶人制动减速度之间的关系。

　　由于对大多数德国驾驶人在遭遇过街行人（未中途停止，连续步行过街）时选择减速让行，因此色图中覆盖的阴影区域形成一个相对较为规则的减速选择集；而我国驾驶人在避险过程中有一定比例选择了占据路权加速通过，因此在该阴影区域内存在加减速选择混合存在的情况，没有呈现明显规律。

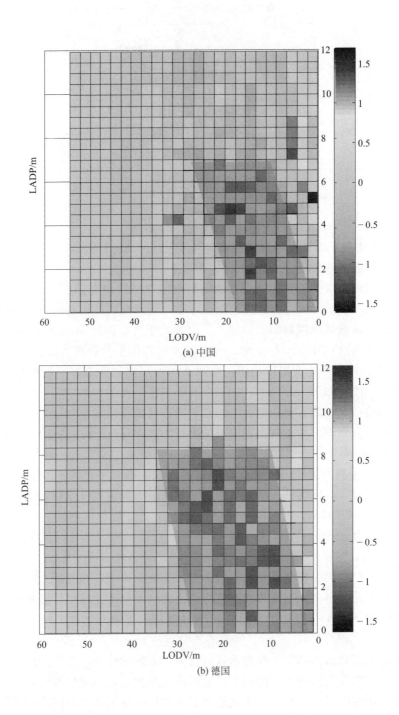

(a) 中国

(b) 德国

图 6-11　冲突空间情景要素与减速度之间的关系

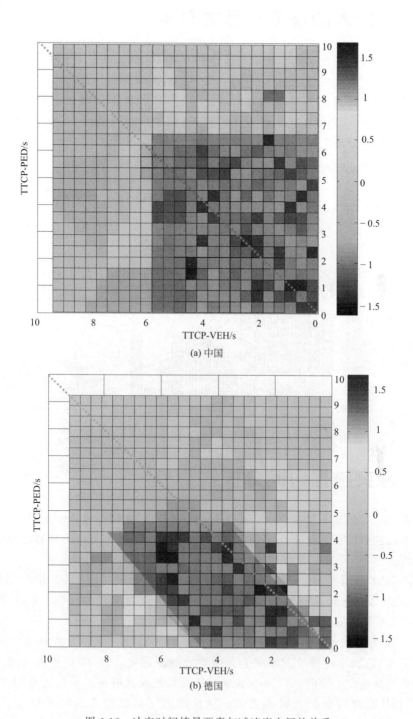

(a) 中国

(b) 德国

图 6-12　冲突时间情景要素与减速度之间的关系

6.5　驾驶人加速避险行为分析

在我国，为了避免碰撞而加速是驾驶人经常采取的策略，通过加速优先获得路权，则驾驶人可能不会被交通延误所困，甚至不需要停车；而弱势道路使用者常在过街前减速，或在路侧等待车辆通行，如图 6-3 所示说明了驾驶人加速避险的过程。图 6-13 给出了冲突初始驾驶人选择加速通行时，其加速度（ACC）的分布情况，其中平均加速度为 1.19m/s²。

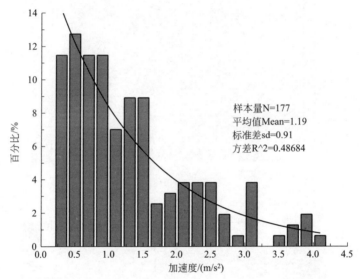

图 6-13　冲突初始时驾驶人—车辆单元 ACC 分布情况

6.6　冲突碰撞时间分析

在机动车与机动车的冲突中，碰撞时间（TTC）受到车速、车头时距、减速、视角等参数的影响。在此，我们对 TTC 与驾驶人—车辆单元相关参数之间的关系进行分析。

如图 6-14 所示展示了 TTC 随车辆到冲突点纵向距离（LODV）的变化而变化的过程，TTC 在车辆接近过程中逐渐降低，两国曲线也较为相似。TTC 与车速（VS）的关系如图 6-15 所示，车速越高，TTC 越大。

图 6-16 为不同车速下的碰撞时间（TTC）与减速度（DEC）的关系。拟合曲线显示了 TTC 较小时驾驶人倾向于选择更大的减速度，而 TTC 较大时减速度相对较小。当减速度一定时，以较小车速行驶的驾驶人其碰撞严重程度亦相对较低，其 TTC 相比高速行驶的驾驶人更大。从这两副图可以看出我国驾驶人 TTC 与DEC 对于车速更为敏感。

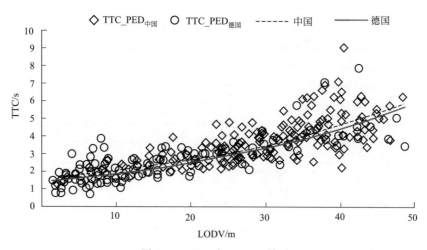

图 6-14　TTC 与 LODV 关系

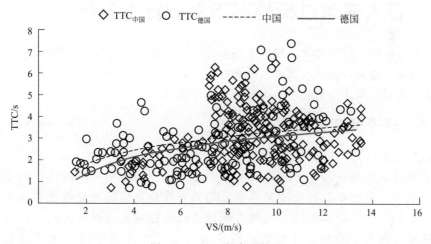

图 6-15　TTC 与车速关系

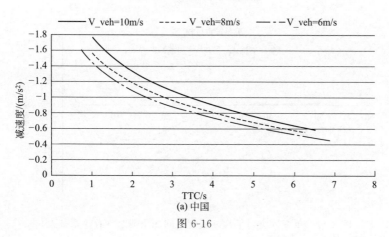

(a) 中国

图 6-16

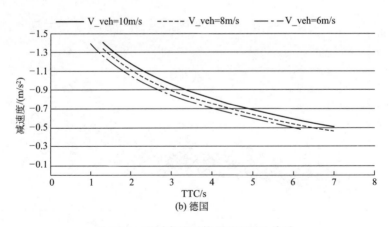

图 6-16　不同车速下的 TTC-DEC 关系

6.7　行人违章过街情况下驾驶行为分析

在信号控制人行横道处，如行人违章过街，冲突风险更大，驾驶人若不能及时采取有效避险措施，将有可能造成严重后果。而此种情况在我国城市交通环境中频繁发生，需对此类冲突情景下的驾驶行为进行分析。

6.7.1　减速度变化过程

通过与无信号人行横道处行人和机动车冲突样本的对比，如图 6-17 所示分析了驾驶人在遭遇违章过街行人时在距冲突点不同距离范围内选择的平均减速度水平。在此图中，将全冲突样本平均减速度变化情况与遭遇违章过街行人时进行了对比，后者亦包括了驾驶人减速让行与加速通过两种情况。在图 6-18 中，针对驾驶人采取减速让行的避险决策时平均减速度空间变化情况进行了分析。

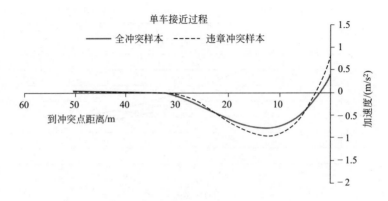

图 6-17　单车冲突时平均减速度空间变化情况（有违章行人）

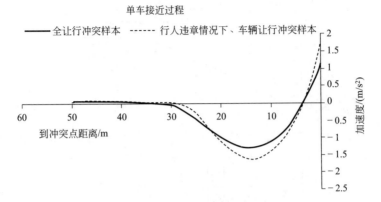

图 6-18 单车冲突时平均减速度空间变化情况

（有违章行人、驾驶人减速让行）

由图 6-17、图 6-18 可见，驾驶人在遭遇违章行人时，开始减速时距冲突点的位置相比无信号人行横道与行人冲突时更为接近；在此情形下，驾驶人将选择更大的减速度以避免碰撞，最大平均减速度有 20% 左右的提高，如图 6-19 所示。

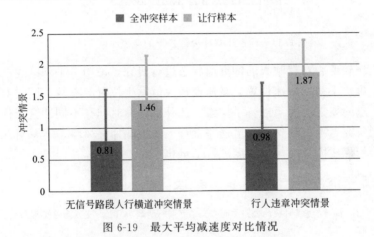

图 6-19 最大平均减速度对比情况

6.7.2 行人违章冲突情景下的碰撞时间分析

行人违章冲突情景下驾驶人—车辆单元碰撞时间（TTC）与一般冲突情景有较大区别。碰撞时间（TTC）（$N = 82$）分布符合 Weibull 分布（$R^2 = 0.983$，如图 6-20所示），TTC 均值为 2.07s，标准差为 0.73s，TTC 最小值为 1.09s。与我国一般冲突情景下的平均 TTC 相比，驾驶人遭遇违章行人并发生交通冲突的情况下平均碰撞时间 TTC 要低 34%，而最小 TTC 则基本相等。

本章根据实地交通视频观测，着重对驾驶人与弱势道路使用者过街行人发生冲突时的避险行为进行分析，并进行了中外对比，分析发现我国驾驶人在此情况下减

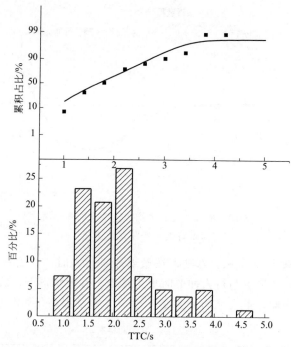

图 6-20　行人违章冲突情景下的碰撞时间分布

速让行的比例较低。对驾驶人的冲突前状态进行研究，说明了平均减速度随距离变化的情况，确定了初始减速位置、减速度最大值发生位置等参数，同时对减速度与冲突时间、空间要素的关系进行了探索。此外对碰撞时间在不同冲突条件下的变化趋势进行了研究。考虑到驾驶人遭遇违章行人的极端冲突风险，本章对此类冲突的严重性评价指标碰撞时间与减速度进行了量化分析。

参 考 文 献

［1］　葛兴，项乔君，陆键. 基于冲突的公路平面交叉口驾驶行为研究［J］. 交通运输工程与信息学报，2009（03）：43-47.

［2］　Fruin J J. Pedestrian accident characteristics in a one-way grid［J］. Highway Research Board bulletin，1973，436：1-7.

［3］　Stapleton S Y. An Evaluation of the Relative Safety of Pedestrian Infrastructure Using Driver Behavior and Conflict as Surrogates for Crashes［M］. Michigan State University，2017.

［4］　Adell E，Várhelyi A，Dalla Fontana M. The effects of a driver assistance system for safe speed and safe distance-a real-life field study［J］. Transportation research part C：emerging technologies，2011，19（1）：145-155.

［5］　Balas V E，Balas M M. Driver assisting by inverse time to collision［C］//2006 World Automation Congress. IEEE，2006：1-6.

［6］　Vogel K. A comparison of headway and time to collision as safety indicators［J］. Accident analysis & prevention，2003，35（3）：427-433.

［7］ Shaaban K，Wood J S，Gayah V V. Investigating driver behavior at minor-street stop-controlled intersections in Qatar［J］. Transportation research record，2017，2663（1）：109-116.

［8］ 魏朗，高丽敏，余强，等. 驾驶员道路安全感受模糊评判模型［J］. 交通运输工程学报，2004，4（1）：102-105.

［9］ Jiang X，Wang W，Guo H，et al. Drivers' effective decelerating zone in an urban Vehicle-Pedestrian conflict situation：Observational studies and analyses［J］. Transportation research part D：transport and environment，2019，66：76-84.

［10］ Jiang X，Wang W，Bengler K. Intercultural analyses of time-to-collision in vehicle-pedestrian conflict on an urban midblock crosswalk［J］. Ieee transactions on intelligent transportation systems，2014，16（2）：1048-1053.

［11］ Gindele T，Brechtel S，Dillmann R. A probabilistic model for estimating driver behaviors and vehicle trajectories in traffic environments［C］// 13th International IEEE Conference on Intelligent Transportation Systems（ITSC）. IEEE，2010：1625-1631.

［12］ Salmon P M，Stanton N A，Young K L. Situation awareness on the road：review，theoretical and methodological issues，and future directions［J］. Theoretical Issues in Ergonomics Science，2012，13（4）：472-492.

［13］ 魏朗，周维新，李春明，等. 驾驶员道路认知特性模型［J］. 交通运输工程学报，2005（04）：120-124.

［14］ 郭应时，付锐，袁伟，et al. 通道宽度对驾驶员动态视觉和操作行为的影响［J］. 中国公路学报，2006，19（5）：83-87.

［15］ 石京，陶立，白云. 北京市机动车驾驶员"抢行"行为及影响因素分析［J］. 中国安全科学学报，2011，20（8）：30-39.

［16］ Borowsky A，Oron-Gilad T，Meir A，et al. Drivers' perception of vulnerable road users：A hazard perception approach［J］. Accident analysis & prevention，2012，44（1）：160-166.

［17］ Geruschat D R，Hassan S E. Driver Behavior in Yielding to Sighted and Blind Pedestrians at Roundabouts［J］. Journal of Visual Impairment & Blindness，2005，99（5）：286-302.

［18］ Wu J，Radwan E，Abou-Senna H. Assessment of pedestrian-vehicle conflicts with different potential risk factors at midblock crossings based on driving simulator experiment［J］. Advances in transportation studies，2018，44：33-46.

［19］ Wu J，Xu H，Zheng Y，et al. A novel method of vehicle-pedestrian near-crash identification with roadside LiDAR data［J］. Accident Analysis & Prevention，2018，121：238-249.

［20］ Gavrila，D. M，Marchal，P，et al. Vulnerable Road User Scenario Analysis，SAVE-U Project Deliverable 1-A，2003.

［21］ Nowakowski，C.，Pedestrian Warning Human Factor Considerations，Available：http：//path. berkeley. edu/cychan/Research _ and _ Presentation/Pedestrian _ Detection _ TO5200/ Crosswalk _ HF. pdf，2005.

［22］ 裴玉龙，冯树民，PEIYu-long，等. 基于交通冲突的行人过街危险度研究［J］. 哈尔滨工业大学学报，2007，39（2）：285-287.

［23］ Winsum W V，Heino A. Choice of time-headway in car-following and the role of time-to-collision information in braking［J］. Ergonomics，1996，39（4）：579-592.

［24］ Cooper P J，Zheng Y. Turning gap acceptance decision-making：the impact of driver distraction［J］. Journal of Safety Research，2002，33（3）：321-335.

第7章
平面交叉口驾驶场景划分与任务分析

　　平面交叉口是城市道路交通网络的重要节点，尤其是具有复杂多变交通事件的城乡结合部、进入居民区的入口处、靠近学校的区域，以及经常发生交通事故的交叉口，这类高风险性交叉口常常汇集了弱势道路参与者，混合交通现象严重，冲突危险因素多，交通态势复杂。据统计，我国发生在平面交叉口的交通事故约占总数的30%，给驾驶人的安全通行带来极大挑战。从道路工程设计的角度分析，这种现象与交叉口的种类、形式、通行能力、交通管理和信号控制方式等有关；从道路使用者的角度分析，驾驶人在通过平面交叉路口时要在短时间内完成一系列复杂的操作，包括读取交通指示、遵循交通控制、实施转向、避让行人和非机动车等，每一个操作的失误都有可能导致交通事故的发生。因此，为了确定理想的交叉口驾驶行为，分析适用的驾驶策略范围，有必要对交叉口驾驶场景进行适当的分类，对交叉口驾驶任务进行系统性梳理。

7.1　平面交叉口驾驶场景划分

7.1.1　道路交通环境与驾驶场景

　　道路交通系统综合环境的组成成分纷繁复杂，但交通环境的清晰分类对于驾驶任务与驾驶行为的成功建模和分析至关重要，目前没有一套涵盖了全道路交通环境的标准化的类型划分方法。许多可用的分类都是为特定的目的而开发的，因此它们表现出巨大的差异性。要对交通环境进行系统性分类，首先要区分道路交通环境和驾驶场景。两者的区别可表述为：道路交通环境是在一定时间和空间内，表征交通环境状态与动态变化特征的交通要素的集合；驾驶场景是指在特定交通环境下驾驶人感受到的子环境，换句话说，它是驾驶人在一定的时间和空间单位内所经历的交通环境态势的一部分，如图7-1所示。

(a) 道路交通环境

(b) 驾驶场景

图 7-1　道路交通环境与驾驶场景

图 7-1 描述了两者之间的不同，在此例中，道路交通环境是指由交通信号控制的双向两车道平面交叉口及其周围环境，无转向车道和非机动车道。在图 7-1(a)描述的交通环境中，下方车辆为研究对象车辆。图 7-1(b) 则为驾驶场景，具体表现为研究对象车辆驾驶人由南向北接近交通信号控制的平面交叉口，且此时为红灯相位，由西向东有一车辆正在驶入交叉口。

7.1.2　交叉口交通环境划分方法

(1) 基于物理环境的交叉口环境划分方法

从工程角度来说，可以根据交叉口的物理环境特征对其交通环境进行分类。考虑的因素主要有四方面：交叉口几何特性（交叉口类型、曲率、车道数、车道宽度等）、交通设施特征（信号控制方式、标志标线、通行权等）、交通流特征（日交通流数据等）、其他特性（如专用车道等）。

(2) 基于事故分析的交叉口交通环境划分

国外这种类型的划分方法常用于保险和相关管理部门，亦常用于驾驶辅助系统应用场景的设计，基于事故的交通环境可分为以下几类。

① 发生车辆偏离路面事故的环境：由于对车辆失去控制或与其他道路使用者发生碰撞而引发车辆偏离路面的事故。

② 发生转向碰撞事故的环境：有路权和无路权的车辆在转弯过程中发生碰撞事故。

③ 发生与弱势道路使用者碰撞事故的环境：与行人、非机动车发生碰撞事故。

④ 与停驶车辆或交通设施发生剐蹭、碰撞等事故的环境。

⑤ 发生纵向碰撞事故的环境：如追尾或迎面碰撞事故。

(3) Fastenmeier 分类法

该分类方法基于道路类型、道路几何特性和交通特性进行分类。就道路类型而言，进一步划分为高速公路、城市道路、乡村道路；就道路几何特性而言，可依据道路线形、坡度等进行划分；此外，交叉口分为四种类型，信号控制（平面 A 类）、支路只允许右转通行的交叉口（平 B1 类）、有减速让行和停车让行标志类交叉口且研究对象车辆位于主干路有优先通行权（平 B2 类）、有减速让行和停车让行标志类交叉口且研究对象车辆位于次干路无优先通行权（平 B2 类）、全无管制类交叉口（平 B3 类）。因此，交叉口交通环境可据此进行组合、分类，具体如表 7-1 及表 7-2 所示。

表 7-1　Fastenmeier 分类法（道路类型）

主要因素	分类	编码	描述
道路类型	高速公路	A1	双向六车道;宽路缘带;专设停车和排队区域;设计合流与分流区域用于车辆加减速
		A2	双向四车道;宽路缘带;专设停车和排队区域;设计合流与分流区域用于车辆加减速
		A3	双向六车道;较窄或无路缘带;无专设停车和排队区域;未设计合流与分流区用于车辆加减速
		A4	双向四车道;较窄或无路缘带;无专设停车和排队区域;未设计合流与分流区用于车辆加减速
		A5	停车和服务区域
	乡村道路	L1	两车道乡村道路;设有标志标线;弯道曲率半径相对较大
		L2	一般乡村道路;无标志标线;弯道曲率半径相对较小
	城市道路	C1	双向行驶并设有中央隔离带,或环岛等
		C2	同一行驶方向至少设 4 条车道
		C3	同 C2,有公交专用道
		C4.1	同一行驶方向至少设 3 条车道
		C4.2	同一行驶方向至少设两条车道,限速 30km/h
		C5	同 C4.1 和 C4.2,有公交专用道
		C6	居民区道路,窄车道
		C7.1	单向车道,2～3 条车道
		C7.2	单向车道,较狭窄,1 条车道,限速 30km/h

表 7-2　Fastenmeier 分类法（环境）

主要因素	分类	编码	描述
几何特性	平面线型	H0	平面线型无弯道
		H1	平面线型有弯道
	纵面线型	V0	平坦笔直
		V1	纵坡
	交叉口连接及控制类型	K0	无连接
		K1	信号控制交叉口（平 A 类）
		K2	无信号控制交叉口（平 B3 类）
		K3	有减速通行或停车让行类标志,本车位于次干路,无优先通行权（平 B2 类）
		K4	有减速通行或停车让行类标志,本车位于主干路,有优先通行权（平 B2 类）
		K5	支路只准右转交叉口
	车道特点	E0	直行道路
		E1	断头路、瓶颈路段、狭窄隧道、窄桥
	驾驶方向	F0	直行
		F1	右转
		F2	左转
		F3	掉头

7.1.3 驾驶场景划分方法

根据道路物理条件进行的分类对于进一步分析驾驶人行为不能提供足够的有效信息。同样的物理条件下可能导致不同驾驶人的反应或者不同的物理因素可能导致驾驶人相同的行为。为了避免如上问题，用于驾驶人行为分析的驾驶场景分类应不同于道路交通环境的划分。然而，由于有大量的影响因素，驾驶场景的分类比较复杂，这导致了比道路交通环境更丰富的分类情况。主要原因在于驾驶场景和驾驶任务的定义上不一致，一种驾驶场景可能意味着要完成几项驾驶任务。有些分类方法将驾驶场景的定义与最低层级的驾驶任务相对应，进而导致产生了 300 万种不同的驾驶场景。在一些分类方式中，驾驶人通过交叉口被视为是一类驾驶场景；而在另一些分类方式中，通过交叉口被分为几类驾驶场景，如接近、减速或转向穿越路口等。以下是一些驾驶场景的划分方法。

（1）Reichart 分类法

将驾驶人的信息处理模型考虑其中，根据驾驶任务的不同需求对驾驶场景进行划分。主要将驾驶场景划分为四种类型，其考虑因素为：纵向交通（如自由驾驶、障碍物反应、超车与否）、交叉口以及车速选择等。如表 7-3 所示。

表 7-3　Reichart 分类（场景）

（2）Fastenmeier 分类法

在这种分类方法中将静态和动态的因素（考虑交通密度和其他道路使用者行为）考虑其中；在上一方法的基础上，在每一个子类下面，根据特定的场景因素，进行了进一步的分类（表 7-4）。比如对于交叉口这一大类，在高速路、乡村和城市道路之间是不同的。

表 7-4　Fastenmeier 分类法（场景）

序号	考虑因素	分类			
1	自由行驶				
2	跟驰				
3	跟驰及预启动				
4	超车				
5	被超车				
6	停车及启动				
7	交叉口	几何形状  	控制  	连接类型 C1, C4 C3, C2, C5...	操作类型 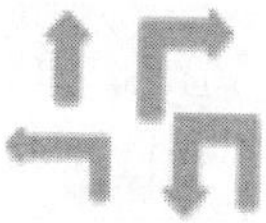

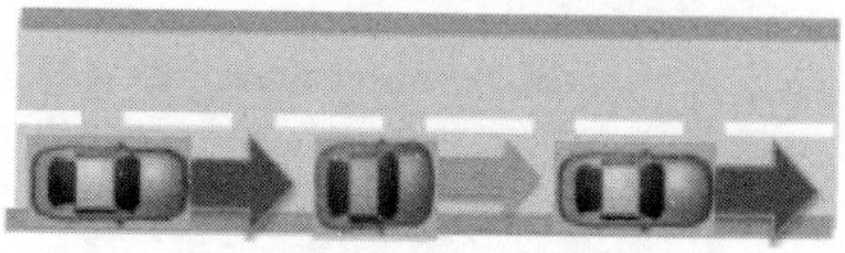

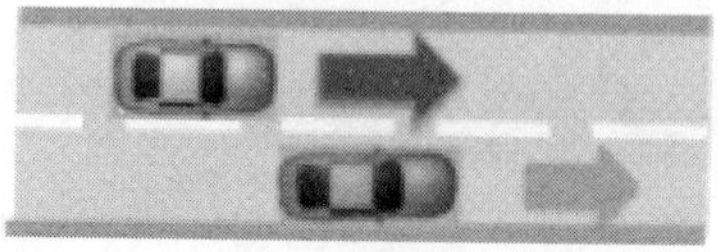

序号	考虑因素	分类		
		隧道	建筑施工	铁道
8	其他任务			

7.1.4 交叉口驾驶场景划分方法

交叉口驾驶任务不同于一般道路行驶过程中的纵向任务，当驾驶人驶向交叉口时应减速以安全通行。基于静态道路交通环境因素和动态交通行为因素对交叉口驾驶场景进行分类，其中静态道路交通环境因素主要包括管制类型（交通信号灯、道路标志及通行规则等）、行驶方向（左转、右转、直行、掉头）、交叉口类型（X、Y、T 型交叉口）、连接类型（道路类型，例如前述 C1 到 C7 编码等）；动态因素主要考虑其他道路使用者的存在及行为，在此主要考虑前方车辆以及行人和非机动车的交通行为对驾驶人的影响。

参照表 7-4，根据交叉口管制类型、驾驶人转向操作等将交叉口驾驶场景分为如表 7-5 所示类型，以城市道路平面交叉口（标注为 C）为例。

表 7-5 城市平面交叉口驾驶场景分类

交叉口管制类型	方向			
	↑	↱	↰	↴
	C-K1-F0	C-K1-F1	C-K1-F2	C-K1-F3
	C-K2-F0	C-K2-F1	C-K2-F2	C-K2-F3
	C-K3-F0	C-K3-F1	C-K3-F2	C-K3-F3
	C-K4-F0	C-K4-F1	C-K4-F2	C-K4-F3

7.2　交叉口驾驶任务层级

交叉口驾驶任务分析的前提是对驾驶场景、任务的合理分类。根据第二章的内容，当驾驶人从驾驶环境中感知到相应的交通信息，经过处理后会做出决策，进而采取相应动作以适应系统环境的变化。这里我们把理想状态下驾驶人为达到某目的而需要完成的动作简称为驾驶任务。一般而言，驾驶任务可以做以下分类（表7-6）。

表7-6　驾驶任务分类

任务类型	任务描述
主任务	使车辆可以正常运行，并且可以进一步分为导航、引导和控制三个层级
次任务	只在特定情况下才需要的任务(擦拭、调节车灯)，或向其他道路使用者传递自身意图信息的任务等(闪烁)，与主任务直接或间接相关
副任务	与驾驶过程无关的一些任务，如打开空调、调节音量等

主任务中的不同层级任务会给驾驶人带来不同的驾驶负荷。导航层级主要指的是根据目的地选择出行路线；引导层级主要指在即将行驶的200m内选择所需的方向、合理的速度等，与其他道路使用者的交互也发生在此层级。在引导层级，驾驶人如何感知所有的相关信息、如何处理信息、制定正确的决策以及与其他的道路使用者正确的传递信息是顺利完成驾驶任务的前提。交叉口交通事故的致因也主要源于该层级驾驶任务。在控制（稳定）层级，则主要指驾驶人通过转向、加速和制动等行为控制车辆的运动。交叉口通行过程驾驶人以完成驾驶主任务为主，并涵盖了导航、引导、控制（稳定）三个层级，开展后两层级任务较为普遍。

相较于一般道路上的纵向行驶，交叉口处的驾驶人需要接收大量的外界环境信息的输入，安全通行难度大，因此，交叉口驾驶任务体现出以下特征：反应时间更短、可弥补程度更少、任务负荷更大。由于空间和时间的局限，驾驶人需要在更短的时间内对更多的交通要素做出反应。一般道路上纵向行驶过程中可以通过减速来调节降低前方车辆突然的停车或减速带来的风险，而交叉口则由于道路物理环境的局限使得驾驶人的可操作空间更为狭小，极易引发驾驶失误并导致交通事故。结合驾驶认知与信息处理相关理论，规则基驾驶行为将在交叉口安全通行中起到至关重要的作用。

7.3　平面交叉口驾驶任务分析

7.3.1　驾驶任务分析

任务分析是一个系统性过程，其目的是描述特定目标驱动的人机环交互的过程。通过定义每个任务的目标，就可以对一个活动进行系统分析并将其分解为一系列目标可实现的子任务，针对每一项子任务就可以确定应该执行哪些操作来实现特定的结果输出。因此，可以对实现特定目标所需子任务的结构和序列以及完成这些任务的方式进行详细分析。使用任务分析方法的优点在于可以提供不同时刻/时间段驾驶活动的特定信息，而用事故分析的方法则不易实现。任务分析还能够用于驾驶行为仿真模拟，通过将任务分解为一系列驾驶行为规则/标准，这些规则/标准可以与具体的驾驶规范化操作相对应，进而可以分析实际驾驶行为与标准的偏差。

就交叉口的驾驶任务而言，它可以被分解为若干子任务，每一个子任务都需要在特定的时间和空间内完成。为了对交叉口通行场景与驾驶任务有一个更准确的描述，交叉口通行过程被分若干区间，每区间都应有明确的驾驶目的与操作决策。区间数量以四到五个为宜，若设置过多则分析过程愈加复杂，而设置过少则可能导致分析结果失真。在此将交叉口通行分为以下五个区间：进入区间、减速区间、前穿越区、后穿越区和离开区间（图7-2），在车辆未穿越车道而转向的情况下，前穿越区和后穿越区也可称为转向区间。进入区间为驾驶人发现前方交叉口到开始减速；减速区间为开始减速到停车线/人行横道处（时间大约为3s）；前穿越区间为停车线/人行横道到交叉口中部；后穿越区间为交叉口中部到出口处停车线/人行横道处的空间；离开区间为交叉口停车线/人行横道处直至完全驶离交叉口（时间大约2s）。各区间的驾驶任务如下。

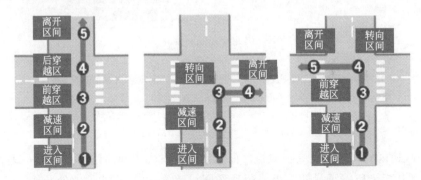

图7-2 交叉口区间划分

① 进入区间。在此阶段，主要的任务是识别交叉口的存在、交叉口类型和交叉口的管制类型，主要实现引导层级上的任务。越早地对交叉口进行正确的识别越有助于驾驶人对后续通行行为做出安全决策，且有研究表明驾驶经验的差异性也作用于驾驶人对交叉口的正确识别，经验丰富的驾驶人能够快速完成后续通行策略的选择。本区间需要完成的引导层级上的任务序列和持续时间如图7-3所示。首先驾驶人察觉前方出现交叉口并估计其与交叉口的距离，对交叉口的类型进行识别并判断交叉口的熟悉程度。通过识别出交叉口的类型，驾驶人需要确认相应的操作是否允许（比如是否有禁止左转或右转标识）并且需要判断出自身是否有优先通过交叉

口的路权。倘若遇到左转或右转专用车道，驾驶人需要根据出行目的与行驶方向而额外改变行驶的车道。在这个过程中，驾驶人需要寻找交叉口环境内潜在的危险并预判交叉口其他道路使用者的意图，在必要的情况下还应做出相应调整。

进入区间的驾驶行为特性可用到达交叉口时间（Time To Intersection，TTI）来表述，指在当前车速下到达交叉口停车线的时间，如用空间距离描述则可表示为到达交叉口距离（Distance to Intersection，DTI）。其他表征参数如 TTI_{br}、TTI_{min} 和 TTI_{1st}，TTI_{br} 表示开始制动的时间，以将脚从油门踏板上移开为特征，TTI_{min} 为 TTI 最小值，TTI_{1st} 则是驾驶人第一次头部转动（方向变化）的时间。

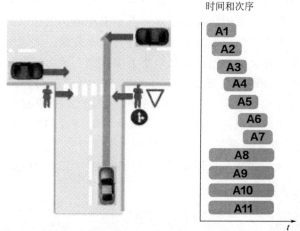

图 7-3　进入区间驾驶任务

A1—识别交叉口的存在；A2—估计距离；A3—识别交叉口的类型；A4—回想交通管制规则；

A5—判断操作（转向或直行）是否允许；A6—判断车辆是否在正确的道路；

A7—如果必要改变车道；A8—搜寻可能的危险物、弱势交通参与者；

A9—识别其他交通参与者的意图；A10—观察前方车辆；

A11—使自己的车辆处于安全的位置

② 减速区间。理论上来说减速区间从驾驶人右脚离开油门踏板的那一刻开始，到车辆到达交叉口停车线处结束。减速区间可定义为从 TTI＝3s 处开始，驾驶任务的目的主要是做出是否需要在停车线前停车的决策或确定需要的减速度。在这一阶段，驾驶人需要观察现有的交通状况并且对交叉口交通特性进行搜索与判定，基于感知到的特征要素，预测其他道路使用者的行为并制定相应对策，与此同时，密切观察弱势道路使用者相关潜在危险，识别其行为意图，并判断是否应采取相应避险策略以保障驾驶安全。本区间需要完成的驾驶任务序列和持续时间如图 7-4所示。

③ 前穿越区：前穿越区主要指驾驶人越过停车线直至行驶到交叉口中部位置或驶过一侧车道。不论驾驶人在前一区间是否停车，在前穿越区中，驾驶人需要不断观察左右侧的交通流并且在两边的车流中选择合适的间隙以安全穿行。与此同

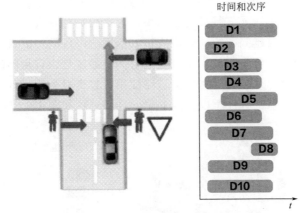

图 7-4　减速区间驾驶任务

D1—决定是否减速；D2—对于正在穿行的行人和非机动车回忆相应的规则；

D3—检查可能隐藏其后的危险障碍物；D4—检查可能通过的交通车流；

D5—决定是否为行人而停车；D6—回忆各种交通参与者的道路通行权；

D7—识别其他道路参与者的意图；D8—必要情况下停车；

D9—继续保持安全行驶的位置；D10—观察前方的车辆

时，驾驶人应该确认来自左侧的车辆同样注意到待穿越车辆的存在以及左侧车辆能够采取相应安全的操纵行为。详细过程如图 7-5 所示，以由南向北行驶车辆为研究对象车辆，由西向东行驶车辆为研究对象车辆左侧来车，由交通规则可知，驾驶人应该确认左侧车辆需为自身让行；同时，驾驶人对右侧来车和过街弱势道路使用者的行为进行预测。

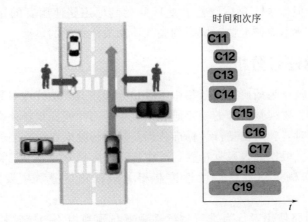

图 7-5　前穿越区驾驶任务

C11—检查左边来的穿越交通流；C12—检查右边来的穿越交通流；C13—识别其他交通参与者的目标；C14—回忆各种交通参与者的道路通行权；C15—选择合适的车头时距准备穿行；

C16—确保左边的车辆按预想行驶；C17—观察从右边来的车辆；C18—观察前方的车辆；

C19—观察可能的穿行弱势交通参与者

④ 后穿越区：后穿越区主要指驾驶人通过交叉口的后半部分，它起始于交叉口的中部，在驶离停车线或人行横道处结束。大多数的驾驶人在上一区间已经做出交叉口通行（包括可穿越间隙等）相应决策，因而这一区间驾驶人的任务相对比较简单。具体描述如下：首先驾驶人应该观察右侧交通流是否有足够的车头间隙以供车辆安全通过；同时，驾驶人应对弱势道路使用者过街行为等进行预测，并决定是否在人行横道前或其他位置停车以保障安全。详细过程如图 7-6 中所描述。

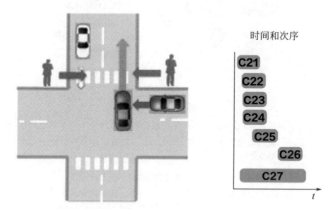

图 7-6 后穿越区驾驶任务分析

C21—确保右边来的车辆正确驾驶；C22—对于正在穿行的弱势交通穿越者回忆规则；

C22—观察可能到来的弱势交通穿行者；C23—识别其他道路参与者的意图；

C24—决定是否停车；C25—决定是否停车；C26—必要的话，停车；C27—观察前面的车辆

⑤ 离开区间：这一区间驾驶人的主要目的是驶离交叉口并且加速恢复到正常车速（图 7-7），但驾驶人仍需注意在此区间的其他道路使用者的违章行为。这一过程中，车辆加速不应该太快，同时驾驶人不断关注可能的危险。

7.3.2　视觉任务分析

对驾驶人视觉行为的研究多数集中于量化分析相关眼动特性参数，对于主要驾驶视觉任务与非主要视觉任务的界定研究则较少，而开展视觉任务类型、对象、重要程度等的界定对驾驶人视觉行为标准化以及基于驾驶人视觉检测的辅助系统设计都具有重要作用。根据人眼视觉特性，可将视觉任务划分为以下三类。

① 对自身车辆运动进行持续性控制相关的视觉任务（主要通过周边视觉完成）。

② 对其他道路使用者行为进行持续性观察与预判相关的视觉任务（探测、扫描，较大可能使用中央视觉）。

③ 基于特定场景的眼动（交叉口视觉行为或对障碍物的反应）。

此外，可根据任务的重要性对驾驶人视觉任务类型进行划分，包括必不可少、重要、期望和不相关的视觉任务四大类（表 7-7）。第一类是必不可少的视觉任务，

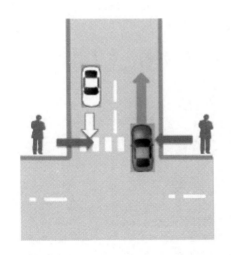
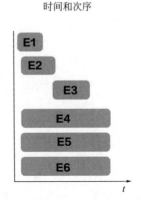

图 7-7　离开区间驾驶任务

E1—检查可能隐藏在弱势交通者背后的危险；E2—识别其他交通参与者的意图；E3—加速；
E4—连续观察远处的道路；E5—观察前方车辆；E6—保持安全的驾驶位置

如驾驶人没有完成此类任务，即驾驶人未注意相关视觉对象，将有很大的可能导致交通事故；第二类是重要的视觉任务，此类任务需要关注其他道路使用者的行为失误，例如对无路权的道路使用者不当行为的视觉跟踪；第三类视觉任务包括对一定距离内发生的交通事件的观测；第四类则是一些与基本安全驾驶无关的视觉任务。

表 7-7　视觉任务分类

重要程度	级别	描述	举例
1	必不可少	基本驾驶任务：如驾驶人未注意，将极大可能造成交通事故	视觉追踪有优先通行权的道路使用者
2	重要	重要驾驶任务：关注其他道路使用者的行为失误情况	视觉追踪无优先通行权的道路使用者
3	期望	远期规划任务，对一定距离内发生的交通事件的观测	观测队列行驶车辆中的头车
4	不相关	与基本安全驾驶无关的视觉任务	观察车辆内部，注视广告牌

交叉口的视觉任务与交叉口各区间驾驶任务紧密相关，并且其内容由任务目标所决定，包括了上述四类视觉任务的情况，各区间中四类视觉任务的执行顺序不同。

考虑到驾驶人在交叉口通行过程中，随着车辆的行进，会在不同的区间感知到大量的视觉信息，基于信息簇的划分，将驾驶人通过交叉口的过程中在进入与减速区、前后穿越区、转向区、驶离区间可能会感知到的信息做出以下标记，如图 7-8～图 7-12 所示。

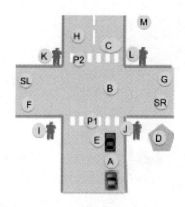

图 7-8　进入与减速区间视觉信息簇

A—靠近停车线；B—交叉口中间部；C—驶离交叉口的停车线；D—交通管制，如停车标记；

E—前方车辆；F—左方穿行的车辆；G—右方穿行的车辆；H—对向到来的车辆；

I—左手边行人；J—右手边行人；K—左手边较远处行人；L—右手边较远处行人；

SR—右转后行驶车道；SL—左转后行驶车道；P1—正在穿越交叉口的行人；

P2—远处正在穿越交叉口的行人；M—其他

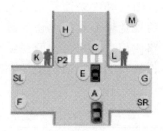

图 7-9　前穿越区视觉信息簇

A—靠近停车线；C—驶离交叉口的停车线；E—前方车辆；F—左方穿行的车辆；

G—右方穿行的车辆；H—对向到来的车辆；K—左手边较远处行人；L—右手边较远处行人；

SR—右转后行驶车道；SL—左转后行驶车道；P2—远处正在穿越交叉口的行人；M—其他

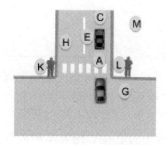

图 7-10　后穿越区视觉信息簇

A—靠近停车线；C—驶离交叉口的停车线；E—前方车辆；G—右方穿行的车辆；

H—对向到来的车辆；K—左手边较远处行人；L—右手边较远处行人；M—其他

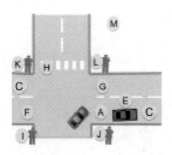

图 7-11　转向区间视觉信息簇

A—靠近停车线；C—驶离交叉口的停车线；E—前方车辆；F—左方穿行的车辆；G—右方穿行的车辆；

H—对向到来的车辆；I—左手边行人；J—右手边行人；K—左手边较远处行人；

L—右手边较远处行人；M—其他

图 7-12　离开区间视觉信息簇

A—靠近停车线；C—驶离交叉口的停车线；E—前方车辆；H—对向到来的车辆；

K—左手边较远处行人；L—右手边较远处行人；M—其他

7.3.3　交叉口驾驶任务负荷

在驾驶人情景感知模型中，由于感知和信息处理模型中记忆容量的限制以及客观和主观感知任务困难程度的不同，因而需对驾驶任务负荷进行分析。针对每一条需要驾驶人捕捉并且做出反应的信息，采用信息论的方式，对交叉口驾驶人捕捉到的所有信息进行量化。因而，交叉口驾驶人需感知的信息越多，驾驶任务负荷程度越高。

以图 7-13 描述的驾驶任务为例，车辆正在从主路经过右转驶向支路。就道路通行权而言，有两个方向的道路使用者拥有路权（正在人行横道处过街的弱势道路使用者，如行人或非机动车），图中为突出显示用实心图形标出并可赋予一定权重；与此同时，还有四个方向的道路使用者是驾驶人需要予以注意但不需为他们做出驾驶控制策略调整的，也赋予一定权重。经过计算后，可以得出当前交叉口的任务负荷。

通过对交通环境和驾驶场景的定义，本章基于 Fastenmeier 分类法对平面交叉

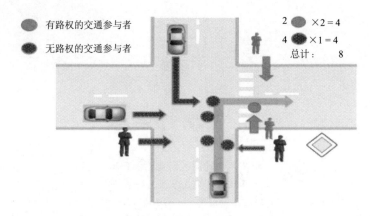

图 7-13　驾驶任务负荷分析示例

口不同交通环境和驾驶场景进行划分。将驾驶人交叉口通行任务与驾驶任务类型及其层级进行对应，并对驾驶人接近减速到转向穿越直至驶离交叉口的全过程进行分析，详细表述了驾驶人交叉口通行不同阶段的驾驶任务及其时序关系。在此基础上，结合交叉口动、静态交通要素，对驾驶人视觉任务进行分类；提出不同交叉口通行阶段的视觉任务对象（信息簇）以及任务负荷的简要计算方法。本章对平面交叉口交通环境、驾驶场景以及驾驶任务的界定，有助于后续交通要素对驾驶任务目标影响的量化，此外，通过确定驾驶人与其"理想行为"的偏差，能够进一步识别驾驶失误。

参 考 文 献

［1］ FASTENMEIER W. Autofahrer und Verkehrssituation. Neue Wege zur Bewertung von Sicherheit und Zuverlässigkeit moderner Strassenverkehrssysteme［M］. 1995.

［2］ Benmimoun A，Chen J，Suzuki T . Design and Practical Evaluation of an Intersection Assistant in Real World Tests［C］// Intelligent Vehicles Symposium，2007 IEEE. IEEE，606-611.

［3］ PLAVSIC M. Analysis and modeling of driver behavior for assistance systems at road intersections［D］. München：Technische Universität München，2010.

［4］ Liao Y，Li G，Li S E，et al. Understanding driver response patterns to mental workload increase in typical driving scenarios［J］. IEEE Access，2018，6：35890-35900.

［5］ Bubb H，Bengler K，Grünen R E，et al. Automobilergonomie［M］. Springer，2015.

［6］ Rommerskirchen C P，Helmbrecht M，Bengler K J. The impact of an anticipatory eco-driver assistant system in different complex driving situations on the driver behavior［J］. IEEE Intelligent Transportation Systems Magazine，2014，6（2）：45-56.

［7］ REICHART G. Menschliche zuverlässigkeit beim führen von kraftfahrzeugen［M］. VDI-Verlag，2001.

［8］ Bubb H. Systemergonomie，chapter 5. 2-5. 4［M］. Carl Hanser Verlag，München，1993：333-420.

［9］ Kirwan，B. and Ainsworth，L. A guide to task analysis［M］. Taylor & Francis，1992.

［10］ Williams，E. M. Analyse des Fahrerverhaltens in ausgewählten innerstädtischen Kreuzungssituationen［M］. Ergonomia-Verl.，Stuttgart，2008.

［11］ van der Horst，A. A Time-Based Analysis of Road User Behaviour in Normal and Critical Encounters ［D］. The Netherlands：TNO Institute for Perception，1990.

［12］ Reichart，G. Menschliche Zuverlässigkeit beim Führen von Kraftfahrzeugen［D］. München：Lehrstuhl für Ergnomie，Technische Universität München，2000.

［13］ Schweigert，M. Fahrerblickverhalten und Nebenaufgaben［D］. München：Lehrstuhl für Ergnomie，Technische Universität München，2003.

第8章
交叉口驾驶认知行为形成与负荷预测方法

在行车过程中，绝大多数道路交通环境信息是驾驶人通过视觉通道获取的，因此，道路交通环境提供的视觉信息极大影响驾驶人的认知行为。平面交叉口作为城市道路网络的重要节点，道路环境复杂多变，如何界定平面交叉口交通要素对驾驶视觉行为的影响及其视认机制至关重要。本章基于驾驶模拟器与眼动实验，从道路使用者—道路环境安全交互的角度对不同环境视觉信息下的驾驶视觉认知行为进行研究，将交通环境视觉信息分为道路信息、动态信息、意义性信息和景观信息，建立了交通环境视觉信息量模型，基于神经网络，运用交通环境视觉信息量数据和车辆速度数据等对驾驶负荷水平进行预测。

8.1 城市平面交叉口驾驶人视认行为特性

8.1.1 仿真实验场景设计

为采集驾驶人在不同环境视觉信息中的视觉行为特性、操纵行为特性以及行车轨迹等数据，本章通过静态驾驶模拟测试开展实验研究，分析不同交通环境视觉信息对驾驶认知行为，包括驾驶人的注视行为、驾驶速度、瞳孔直径，以及驾驶人主观感知情况、任务难度和驾驶负荷的影响。在仿真试验场景中，共设计了两大类（双向两车道、双向四车道）五种不同形式城市平面交叉口，并在相邻场景间设计过渡段，使其彼此连接成为一条完整的实验线路。五种交叉口场景如下。

① 交叉口1：双向二车道减速让行交叉口，见图 8-1(a)。

② 交叉口2：进口道设置社区岛进行减速的环岛，见图 8-1(b)。

③ 交叉口3：普通双向四车道信号控制交叉口，见图 8-1(c)。

④ 交叉口4：进口道设有视错觉减速标线的双向四车道信号控制交叉口，见图 8-1(d)。

⑤ 交叉口5：设有导流线，并改变非机动车道颜色的双向四车道信号控制交叉口，见图 8-1(e)。

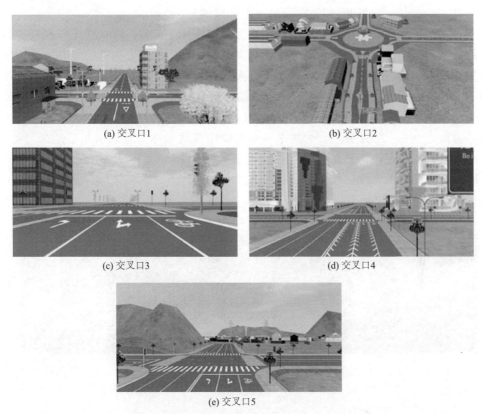

(a) 交叉口1　　　　　　　　　(b) 交叉口2

(c) 交叉口3　　　　　　　　　(d) 交叉口4

(e) 交叉口5

图 8-1　交叉口场景设置

实验场景具有不同的环境视觉信息，包含不同的交叉口物理环境，交通控制方式、标志标线形式等均有差异。其中，交叉口1和交叉口2为对比组，交叉口1为普通双向二车道减速让行交叉口，交叉口2为对普通双向二车道交叉口进行自解释平面交叉口改造设计后得到的利用社区岛进行减速的环岛。交叉口3至交叉口5为第二个对比组，其中，交叉口3为普通双向四车道信号控制交叉口，交叉口4在交叉口3的基础上增加了进口道视错觉减速标线，交叉口5在交叉口3的基础上增加了导流线，并改变了非机动车道的颜色。通过交叉口1和交叉口2之间的对比，以及交叉口3、交叉口4和交叉口5之间的对比，有助于理解由不同的交叉口交通要素形式带来的驾驶行为与安全水平的变化。

8.1.2　驾驶人注视行为分析

（1）驾驶人通过双向二车道平面交叉口时的注视行为

对第七章提出的五个交叉口通行区间（进入区间、减速区间、前穿越区、后穿越区和离开区间）进行合并，分为三个阶段对驾驶人通行过程中的注视行为进行研究，这三个阶段分别是：通过停车线前阶段（进入与减速区间）、交叉口内通行阶段（即前后穿越区内行驶）、驶离阶段（离开区间）。

在通过停止线前，驾驶人的注视点主要集中在 4 个区域，即驾驶人所在车道的正前方、左侧的道路中心线、组成平面交叉口的两条道路的道路边缘线交汇点，以及驾驶人即将进入的车道的入口处，驾驶人的注视热力图和注视轨迹分别如图 8-2 和图 8-3 所示。这一阶段为驾驶人进入平面交叉口的准备阶段。在这一阶段，驾驶人的注视点较分散，会注视到平面交叉口各部分的视觉信息（参考图 7-8）。进入交叉口内，驾驶人的注视点较为集中，主要位于驾驶人即将进入的车道的入口处，此时驾驶人的注视热力图和注视轨迹分别如图 8-4 和图 8-5 所示。在完成转向后驶离阶段，驾驶人主要注视所在车道的正前方和左侧的道路中心线，如图 8-6 和图 8-7 所示。

图 8-2　驾驶人通过停止线前的
注视热力图

图 8-3　驾驶人通过停止线前的
注视轨迹

图 8-4　交叉口内通行阶段的
注视热力图

图 8-5　交叉口内通行阶段的
注视轨迹

（2）驾驶人通过环岛时的注视行为

驾驶人通过环岛时的注视行为可划分为 5 个阶段，分别为进入环岛前、刚进入环岛、位于环岛内、见到出口后和驶离。进入环岛前，驾驶人的注视点位于所在车道的正前方和仪表盘。刚进入环岛时，驾驶人的注视点位于环岛内车行道的左、右边缘线上。在环岛内部，驾驶人注视环岛内车行道的左、右边缘线，主要注视左边

图 8-6 驾驶人驶离阶段的注视热力图　　图 8-7 驾驶人驶离阶段的注视轨迹

缘线。见到出口后，驾驶人注视出口的左、右边缘线。驶离时驾驶人的注视点位于出口车道的正前方、左侧的道路中心线和右侧的车行道边缘线上。驾驶人在各个阶段的注视热力图和轨迹图如表 8-1 所示。如基于驾驶人视觉行为规律对环岛交通要素进行设计时，可使影响驾驶人安全通行的要素尽可能地设置在多数驾驶人通过环岛特定区域时的注视范围内，这样的道路设计要素符合驾驶人的预期，从而更容易被驾驶人注意到。

表 8-1　驾驶人通过环岛时的注视行为

编号	驾驶人通过环岛的阶段	驾驶人注视热力图	驾驶人注视轨迹图	驾驶人注视点
1	进入环岛前			①车道正前方 ②仪表盘
2	刚进入环岛			环岛内车行道的左、右边缘线
3	环岛内			环岛内车行道的左、右边缘线，主要为左边缘线

续表

编号	驾驶人通过环岛的阶段	驾驶人注视热力图	驾驶人注视轨迹图	驾驶人注视点
4	见到出口后			出口的左、右边缘线
5	驶离			①出口车道的正前方 ②左侧的道路中心线 ③右侧的车行道边缘线

(3) 驾驶人通过双向四车道平面交叉口时的注视行为

驾驶人通过双向四车道平面交叉口时的注视阶段参照双向二车道平面交叉口,分别为通过停车线前阶段、交叉口内通行阶段、驶离阶段。通过停车线前,驾驶人的注视点位于所在车道的正前方、连接交叉口的两条道路的边缘交汇处、双黄线、指路标志和仪表盘上。在交叉口内通行阶段,驾驶人的注视点位于连接交叉口的两条道路的边缘线交汇处和驾驶人即将进入的车道的入口。驶离阶段,驾驶人的注视点位于所在车道的正前方、双黄线和仪表盘上。驾驶人在各个阶段的注视热力图和轨迹图如表8-2所示。

表8-2 驾驶人通过双向四车道平面交叉口时的注视行为

阶段	驾驶人通过双向四车道平面交叉口的阶段	驾驶人注视热力图	驾驶人注视轨迹图	驾驶人注视点
1	通过停车线前			① 所在车道的正前方 ②连接交叉口两条道路的边缘线交汇处 ③双黄线 ④指路标志 ⑤仪表盘

续表

阶段	驾驶人通过双向四车道平面交叉口的阶段	驾驶人注视热力图	驾驶人注视轨迹图	驾驶人注视点
2	交叉口内通行			①连接交叉口两条道路的边缘线交汇处 ②即将进入的车道的入口
3	驶离			①所在车道的正前方 ②双黄线 ③仪表盘

（4）驾驶人对交通标志标线的注视行为

实验场景中出现的标志、标线被驾驶人注视到的概率如图 8-8 所示。

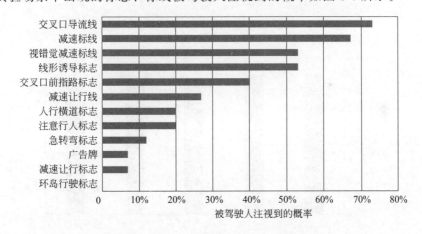

图 8-8　标志/标线被驾驶人注视到的概率

由图 8-8 可知，被驾驶人注视到概率较大的标志、标线分别是交叉口导流线、减速标线、视错觉减速标线和线形诱导标志，被驾驶人注视到的概率均超过了 50％。这些标志、标线的共同点是位于驾驶人习惯注视的区域内，如驾驶人所在车道的中央、道路中心线及车行道边缘线等，即标志、标线设置的位置符合驾驶人的预期，因而更容易被驾驶人注视到。为提升标志、标线的信息传达效率，应合理对其进行设置以符合驾驶人视觉行为规律。

8.1.3　驾驶人瞳孔直径

驾驶人在不同的实验场景中的平均瞳孔直径和最大瞳孔直径分别如图 8-9、图
8-10 所示。

已有研究表明，当驾驶人承受的认知负荷或心理压力增大时，其瞳孔直径增
大，当认知负荷或心理压力减小时，瞳孔直径恢复至正常状态，瞳孔直径可作为衡
量驾驶人视觉负荷的指标。通过分析驾驶人在不同实验场景中的平均瞳孔直径和最
大瞳孔直径，可见双向二车道减速让行交叉口驾驶人的视觉负荷最高，而进口道设
有视错觉减速标线的双向四车道信号控制交叉口驾驶人的视觉负荷最低。

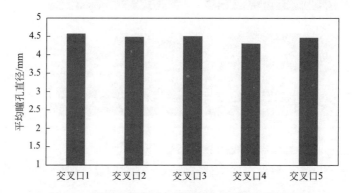

图 8-9　驾驶人在不同实验场景中的平均瞳孔直径

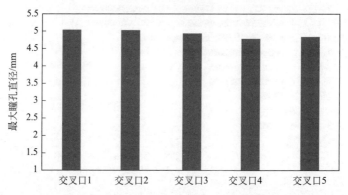

图 8-10　驾驶人在不同实验场景中的最大瞳孔直径

作为双向两车道平面交叉的对照组交叉口 1 和交叉口 2，驾驶人平均瞳孔直径
和最大瞳孔直径对比如图 8-11 所示，两个交叉口的平均瞳孔直径和最大瞳孔直径
在数值上都非常相近，说明若将双向二车道减速让行平面交叉口改造成环岛并不会
影响驾驶人的驾驶负荷。作为双向四车道平面交叉的对照组，驾驶人通过交叉口 3
至交叉口 5 时的平均瞳孔直径和最大瞳孔直径如图 8-12 所示，可见在双向四车道
平面交叉口上增设视错觉减速标线、导流线和改变自行车道颜色将降低驾驶人的驾

驶负荷。而交叉口 4 的驾驶负荷最低，可能原因是视错觉减速标线的设置使驾驶人提前感知到了交叉口的存在并做出交叉口安全通行的相关决策，因而降低了驾驶人的视觉负荷。

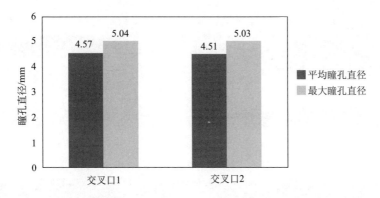

图 8-11　驾驶人通过交叉口 1 和交叉口 2 时的平均瞳孔直径和最大瞳孔直径

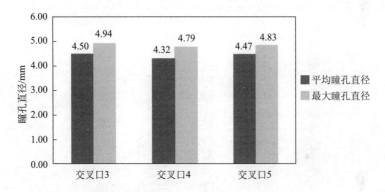

图 8-12　驾驶人通过交叉口 3 至交叉口 5 时的平均瞳孔直径和最大瞳孔直径

8.2　驾驶人交叉口通行主观认知

静态驾驶模拟实验后，被试将被要求填写相关问卷，对各实验场景交叉口通行过程中的感知情况、任务难度、驾驶负荷进行评价，并提出驾驶人主观认为的安全通过各实验场景的适宜行驶速度。设计的驾驶人主观调查问卷共包含四个问题，其中前三个问题为选择题，每题包含 5 个选项。为方便对调查结果进行量化，设计一种计分方法将各个选项转化为不同的分值。对于问题 1，选择没注意到计 1 分，选择失去控制计 5 分，问题 2 选择非常容易计 1 分，选择非常困难计 5 分，问题 3 选择完全无负荷计 1 分，选择有严重负荷计 5 分，计分方法如表 8-3 所示。

将所有驾驶人的得分取平均值，得出驾驶人在各个实验场景中的主观感知情况、主观任务难度和主观驾驶负荷如图 8-13 所示。驾驶人主观认为的安全通过各实验场景的适宜行驶速度平均值如图 8-14 所示。

表 8-3　驾驶人主观调查问卷的计分方法

1. 您如何感知这一场景？

没注意到 ☐	值得注意 ☐	影响驾驶 ☐	危险 ☐	失去控制 ☐
1分	2分	3分	4分	5分

2. 您认为成功通过这一情景的难度？

非常困难 ☐	困难 ☐	一般 ☐	容易 ☐	非常容易 ☐
5分	4分	3分	2分	1分

3. 您认为通过这一情景给您造成的驾驶负荷？

完全无负荷 ☐	有轻微负荷 ☐	有一定负荷 ☐	有较大负荷 ☐	有严重负荷 ☐
1分	2分	3分	4分	5分

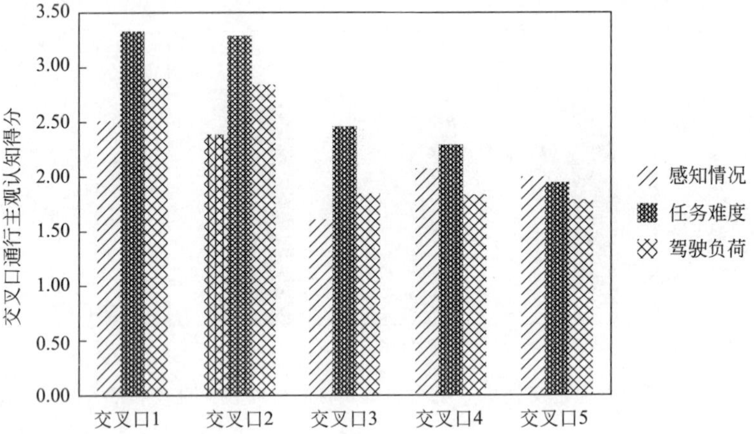

图 8-13　驾驶人对各实验场景的主观感知情况、主观任务难度和主观驾驶负荷

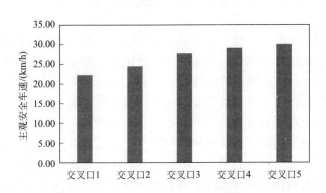

图 8-14　驾驶人主观认为的安全通过各实验场景的适宜行驶速度

8.3 驾驶人-车辆单元运动行为特性

8.3.1 不同交通环境视觉信息下的驾驶速度分析

如图 8-15 所示给出了驾驶人通过各场景时的实验车速与主观安全车速之间的对比。前者是指通过驾驶模拟实验输出的各场景平均通行车速。

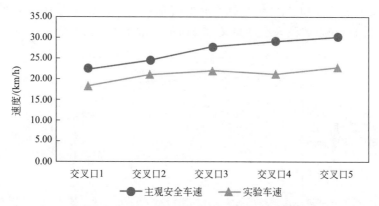

图 8-15 各交通场景的实验车速与主观安全速度

对各实验场景的实验车速与主观安全车速进行对比分析如下。

（1）交叉口 1（普通双向二车道减速让行交叉口）

在所有实验场景中，交叉口 1 具有最低的实验车速和主观安全速度，主要原因是道路等级低，道路较窄。

（2）交叉口 2（进口道设置社区岛的环岛）

根据 8.1.3 小节与 8.2 小节中数据分析，与交叉口 1 相比，交叉口 2 的驾驶场景不会增加驾驶人的视觉负荷，但通过实验车速和主观安全速度的分析发现，将双向二车道减速让行交叉口设计成环岛将促使驾驶人选择更高车速通行。

（3）交叉口 3（双向四车道信号控制交叉口）

交叉口 3 与交叉口 1 对比得出，当平面交叉口的车道数增加时，驾驶人的实验车速和主观安全速度均有明显提高。

（4）交叉口 4（双向四车道信号控制交叉口，进口道设有视错觉减速标线）

与交叉口 3 相比，交叉口 4 的主客观速度基本保持不变，证明视错觉减速标线的减速效果很不明显，但该场景能有效降低驾驶人视觉负荷。

（5）交叉口 5（双向四车道信号控制交叉口，设置了导流线，并改变了非机动车道的颜色）

交叉口 5 的实验车速和主观安全速度均略高于交叉口 3 和交叉口 4，可能原因是交叉口 5 中采用的自解释设计能够使驾驶人感知到一种更高速、安全的交通环境，从而提高了主客观车速。

8.3.2 不同交通环境视觉信息下行车轨迹分析

不同交通环境视觉信息将对道路使用者的交通行为产生不同影响，合理的信息要素设计能够引导驾驶人感知到通过该道路所应采取的驾驶行为，而行为的一致性有助于提高特定场景的通行效率与安全水平。对于机动车驾驶人来说，其行为的一致性主要体现在行车轨迹的一致性。

驾驶人通过交叉口 1 和交叉口 2 时的行车轨迹分别如图 8-16、图 8-17 所示，由行车轨迹图可知，驾驶人通过交叉口 2 时的行车轨迹一致性优于交叉口 1。

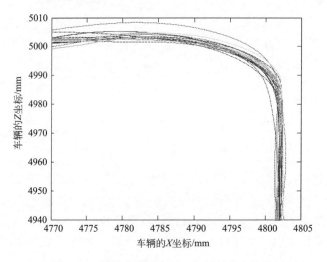

图 8-16　驾驶人通过交叉口 1 时的行车轨迹

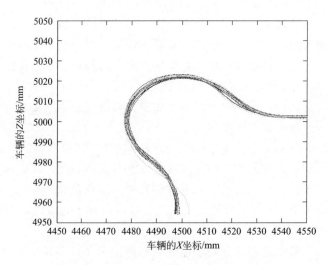

图 8-17　驾驶人通过交叉口 2 时的行车轨迹

另一对照组交叉口 3 至交叉口 5 的行车轨迹分别如图 8-18、图 8-19、图 8-20 所示。由行车轨迹图可知，驾驶人通过交叉口 5 时的行车轨迹一致性明显优于交叉口 3 和交叉口 4，在交叉口 5 中，环境视觉信息要素主要为导流线和非机动车道颜色，能够对双向四车道平面交叉口驾驶人行车轨迹的一致性提供有效引导，而视错觉减速标线对行车轨迹一致性无影响。

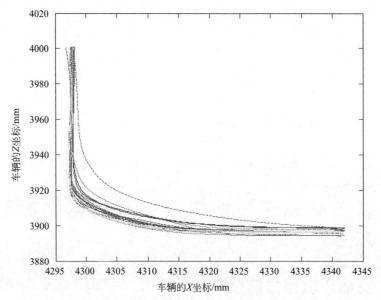

图 8-18　驾驶人通过交叉口 3 时的行车轨迹

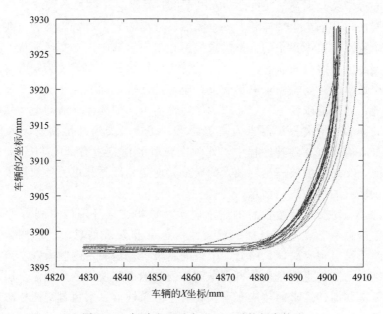

图 8-19　驾驶人通过交叉口 4 时的行车轨迹

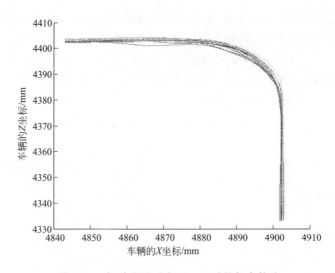

图 8-20　驾驶人通过交叉口 5 时的行车轨迹

8.4　基于交通环境视觉信息量的驾驶负荷预测方法

8.4.1　交通环境视觉信息分类

美国心理学家马斯洛于 1943 年提出需求层次理论，将人类需求划分为由低到高的 5 个层次，分别为生理需要、安全需要、社会需要、尊重需要和自我超越。与马斯洛需求层次理论中提出的人类需求模型相对应，驾驶人对交通环境信息的需求也呈由低到高的层级分布状态。驾驶人对交通环境的最基本需求为安全需求，即保证不发生交通事故；安全需求满足后上升至通达需求，即要求能够成功地由起始点到达目的地；通达需求的上一层需求为舒适性需求，即要求交通环境为驾驶人提供舒适的驾驶体验；最高一层需求为审美需求，即要求交通环境使驾驶人体验到美感，令其身心愉悦。在驾驶过程中，驾驶人获取的信息中有 80％以上来自其视觉通道，因此，交通环境要满足驾驶人的安全、通达、舒适和审美各项需求，必须为驾驶人提供适宜的环境视觉信息。

基于驾驶人对交通环境信息的需求层次，可将交通环境信息划分为 4 个信息层，即道路信息层、动态信息层、意义性信息层和景观信息层，如图 8-21 所示。其中，道路信息层包含路面、路肩、中央隔离带等，是满足驾驶人安全需求与通达需求的基础；动态信息层是指除自身车辆外的其他道路使用者，该信息层同样对驾驶人安全需求和通达需求的达成有重大影响；意义性信息层包含交通标志、路面标线、信号灯、广告牌等，需求层面与安全、通达以及部分审美需求相对应；最高一层信息层为景观信息层，指道路周边的自然景观及人文景观，包括绿化、路侧建筑、道路小品等，主要满足驾驶人的审美需求。需建立各视觉信息层信息量计算模型进行预测。

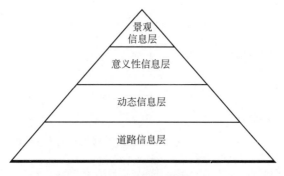

图 8-21　交通环境信息层的划分

8.4.2　道路信息量模型

道路信息量与道路宽度、道路类型和路面材质视觉复杂度有关。道路信息量计算方法如下：

$$I_{道路}=\varepsilon DT \tag{8-1}$$

式中，$I_{道路}$ 为道路信息量；D 为道路宽度系数；T 为道路类型系数；ε 为路面材质视觉复杂度系数，当路面材质不变时取常数。

当被研究的几条道路具有相同的车道宽，但车道数不同时，可将车道数作为道路宽度系数，如双向二车道道路可取道路宽度系数为 2，双向四车道道路可取道路宽度系数为 4。道路类型系数为连续的渐变值，例如，若直路的道路类型系数取 T_1，平面交叉口的道路类型系数取 T_2，当直路前方出现平面交叉口时，若驾驶人在点 A 开始转向，则道路类型系数从点 A 开始由 T_1 逐渐变化，当到达平面交叉口中心点 B 时，道路类型系数达到最大值 T_2，在驾驶人通过完成转向的点 C 后，道路类型系数再次变化至 T_1，如图 8-22 所示。

8.4.3　动态信息量模型

动态信息量是指道路内除自身车辆以外的其他道路使用者产生的信息量。在此引入信息簇的概念，即相同类型的具有相同行为的若干道路使用者的集合。以驾驶人直行通过无信号控制平面交叉口的驾驶任务为例，驾驶人要完成该驾驶任务，需注意 8 个信息簇，分别为右侧道路直行机动车、右侧道路左转机动车、右侧道路右转机动车、左侧道路直行机动车、左侧道路左转机动车、对向左转机动车、通过人行横道 A 的弱势道路使用者和通过人行横道 B 的弱势道路使用者，如图 8-23 所示。

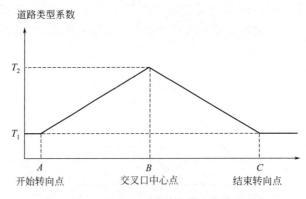

图 8-22　平面交叉口处道路类型系数的变化

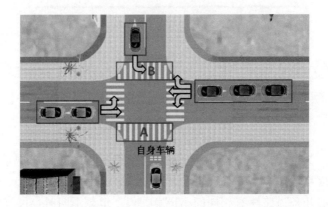

图 8-23　驾驶人直行通过无信控平面交叉口时需注意的信息簇

每个信息簇产生的信息量可通过式（8-2）进行计算：

$$I_i = \sum_{k=1}^{j} \frac{\Delta v_j}{d_j^2} \tag{8-2}$$

式中，I_i 为第 i 个信息簇的信息量；j 为信息簇内道路使用者的数量；Δv_j 为第 j 个道路使用者与自身车辆之间的相对速度；d_j 为第 j 个道路使用者与自身车辆之间的距离。

则可得动态信息量计算公式为：

$$I_{动态} = \sum_{k=1}^{i} \omega_i I_i \tag{8-3}$$

式中，$I_{动态}$ 为动态信息量；i 为当前驾驶任务中驾驶人需注意的信息簇的个数；ω_i 为第 i 个信息簇的权重；I_i 为第 i 个信息簇的信息量。

8.4.4　意义性信息量模型

美国数学家香农最早提出概率信息的概念，亦称香农信息或狭义信息，同时提出熵的概念，即信源信息选择不确定性的测度，作为信息的度量。信息熵的计算公式如式(8-4)所示：

$$H(X) = -\sum_{i=1}^{q} p(x_i)\log_2 p(x_i) \tag{8-4}$$

式中，$H(X)$ 为事件集 X 的信息熵，简称熵，表示集 X 中事件出现的平均不确定性，bit；q 为事件集 X 中可能出现的事件的总数；x_i 为事件集 X 中可能出现的某个事件；$p(x_i)$ 为事件 x_i 出现的概率。

交通环境意义性信息主要包括交通标志、路面标线和信号灯。城市道路交通标志分为指示标志、禁令标志、警告标志、指路标志和其他标志；城市道路交通标线分为指示标线、禁止标线和警告标线。下面基于信息熵计算公式，对各类型意义性信息量进行计算。

（1）指路标志信息量计算

已有诸多学者对指路标志信息量进行过研究，形成了较为完善的指路标志信息量计算方法。指路标志主要采用 6 种元素来传达信息，这 6 种元素的信息量大小如表 8-4 所示。

表 8-4　指路标志的主要信息元素及其信息量大小　　　　　　　　　单位：bit

信息元素	汉字	英文字母	阿拉伯数字	颜色	方向箭头	符号
信息量	11.77	4.70	3.32	2.00	4.64	4.09

6 种元素的权重如表 8-5 所示。

表 8-5　指路标志 6 种信息元素的权重

信息元素	汉字	英文字母	阿拉伯数字	颜色	方向箭头	符号	合计
权重	0.25	0.07	0.09	0.05	0.26	0.28	1.00

可得指路标志信息量计算公式为：

$$I_{指路标志} = \sum_{i=1}^{6} \omega_i N_i I_i \tag{8-5}$$

式中，$I_{指路标志}$ 为指路标志的信息量；ω_i 为指路标志第 i 种信息元素的权重，见表 8-5；N_i 为指路标志第 i 种信息元素的个数；I_i 为指路标志第 i 种信息元素的信息量，见表 8-4。

（2）指示、禁令、警告及其他标志信息量计算

指示、禁令、警告及其他标志的种类数如表 8-6 所示。

表 8-6　指示、禁令、警告及其他标志的种类数

标志类别	指示标志	禁令标志	警告标志	其他标志
标志种类数	35	44	77	66

由于常用的指示、禁令、警告及其他标志（以下简称为非指路标志）仅占表8-6中的一部分，故在计算意义性信息量时，可以只考虑被研究道路上出现的非指路标志的种类数。可得非指路标志信息量计算公式如式（8-6）所示：

$$I_{\text{非指路标志}} = -\sum_{i=1}^{q} p(x_i)\log_2 p(x_i) = -\sum_{i=1}^{q} \frac{n_i}{N}\log_2\left(\frac{n_i}{N}\right) \tag{8-6}$$

式中，$I_{\text{非指路标志}}$ 为非指路标志的信息量，bit；q 为被研究道路内非指路标志的种类数；x_i 为被研究道路内可能出现的某种非指路标志；$p(x_i)$ 为标志 x_i 出现的概率；n_i 为被研究道路内标志的个数；N 为被研究道路内非指路标志的总数。

此外，指示标志中含文字或数字的有 2 种，禁令标志中有 12 种，警告标志中有 12 种，其他标志中有 28 种。对于这些含文字或数字的非指路标志，在计算其信息量时还需加上文字和数字的信息量，文字和数字信息量的计算可参照指路标志内文字和数字的信息量计算方法。

（3）路面标线信息量计算

路面标线信息量计算公式如式（8-7）所示：

$$I_{\text{标线}} = -\sum_{j=1}^{r} p(y_j)\log_2 p(y_j) = -\sum_{j=1}^{r} \frac{l_j}{L}\log_2 \frac{l_j}{L} \tag{8-7}$$

式中，$I_{\text{标线}}$ 为路面标线的信息量，bit；r 为被研究道路上路面标线的种类数；y_j 为被研究道路内可能出现的某种标线；$p(y_j)$ 为标线出现的概率；l_j 为带有标线的道路长度，m；L 为被研究道路的总长度，m。

需要注意的是，虽然人行横道也属于路面标线中的一种，但人行横道的出现意味着驾驶人可能与弱势道路使用者发生冲突，因而人行横道传达的信息量要大于普通路面标线，在计算其信息量时需单独考虑。

（4）信号灯信息量计算

信号灯信息量计算公式如式（8-8）所示：

$$I_{\text{信号灯}} = -\sum_{k=1}^{m} p(z_k)\log_2 p(z_k) = -\sum_{k=1}^{m} \frac{t_k}{T}\log_2\left(\frac{t_k}{T}\right) \tag{8-8}$$

式中，$I_{\text{信号灯}}$ 为信号灯的信息量，bit；m 为信号灯的全部状态数（例如，当信号灯可能出现红、黄、绿、黄闪、绿闪共 5 种状态时，取 $m=5$）；z_k 为信号灯可能出现的一种状态；$p(z_k)$ 为状态 z_k 出现的概率；t_k 为状态 z_k 在一个周期内出现的时间，s；T 为信号灯一个周期的时间，s。

8.4.5　景观信息量模型

已有研究表明，景观环境的信息量与其高度、宽度、醒目程度，以及与道路的相对位置等参数有关。建立景观信息量计算模型如下：

$$I_{景观} = \frac{sA}{d} \tag{8-9}$$

式中，$I_{景观}$ 为景观信息量，bit；A 为驾驶人可见的景观环境面积，即驾驶人透过车辆前挡风玻璃看到的景观表面垂直于驾驶人视线方向的投影面积，m^2；s 为景观的醒目程度系数；d 为景观环境距驾驶人的距离，m。

8.4.6 基于神经网络的驾驶负荷预测

驾驶负荷主要通过主观评定、操作绩效评测和生理心理指标计算三种方法进行量化表征。主观评定主要采用被试驾驶人主观打分的形式对驾驶负荷进行评价，采用主观法测量驾驶负荷会中断驾驶人的驾驶行为，无法连续测量驾驶负荷的动态变化。操作绩效法主要包括主任务法和次任务法，采用的指标包括操作精度、操作误差和反应时间等。生理心理指标法通常采用血压、心率、皮电、脑电、眼动等指标作为驾驶负荷的度量指标。与其他两种方法相比，生理心理指标法的优点是能够连续记录驾驶人的反应，采样频率高，对驾驶任务的干扰最小，因而客观性较高。其中，驾驶人瞳孔直径的变化可以客观反映其认知和心理状态的变化，且对驾驶人精神状态的快速变化较为敏感，因此该参数能够较好地反应驾驶人视觉对道路环境的适应性，以及驾驶人的视觉负荷。

已有研究表明，交通环境视觉信息量会影响驾驶人的驾驶负荷，例如通过眼动实验研究驾驶人对指路标志的认知过程，以汉字数和路名数作为指路标志信息量的度量，采用二项式拟合建立了指路标志信息量与驾驶人认知时间之间的函数关系式：

$$y_1 = 0.005x^2 - 0.029x + 1.246 \tag{8-10}$$

指路标志路名数与认知时间的函数关系为：

$$y_1 = 0.038x^2 - 0.024x + 1.344 \tag{8-11}$$

同时，行车速度也会影响驾驶负荷。在相同的交通环境中，驾驶负荷随车速的增大而增大。在假定驾驶人处理信息的能力（即驾驶人承受的精神负荷）不变的情况下，随着信息量的增大，驾驶人需要用来处理信息的时间变长，行车速度将下降，车速与信息量之间呈幂函数关系：

$$\nu = 86197I^{-0.621} \tag{8-12}$$

为验证交通环境视觉信息量模型的有效性，基于 BP 神经网络，以交通环境视觉信息量模型计算出的信息量数据和车速数据为输入，对驾驶人的瞳孔直径进行预测。

神经网络具有自学习性和自适应性、非线性性、鲁棒性和容错性、计算的并行性和存储的分布性等特点，并可用于解决模式识别、回归与拟合、优化、聚类、数据压缩等问题，目前已被广泛地应用于计算机科学、控制科学与工程、机械工程、电子科学、信息与通信工程和交通运输工程等领域。

根据神经元之间连接方式的不同，神经网络可分为分层网络和相互连接型网络。分层网络分为输入层、隐含层和输出层。相互连接型网络的任意两个神经元之间都是相互连接的。反向传播网络即 BP 神经网络属于三层或三层以上的多层神经网络，每层由若干个神经元组成，左右神经元全连接，上下神经元无连接。BP 神经网络的结构如图 8-24 所示。正向传播时，输入信息由输入层经过各隐含层向输出层传播，逐层计算各单元的输出值，反向传播时，输出误差向前传播，逐层计算隐含层各单元的误差，采用梯度下降法等方法不断修正前层权值，提高正确率。

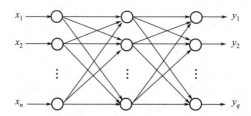

图 8-24　BP 神经网络的结构

BP 神经网络的主要参数包括层数、各层的神经元数、初始权值和学习速率等。增加 BP 神经网络的层数可以提高精度，降低误差，但会使网络复杂化，训练时间增长，因此一般采用提高隐含层神经元个数的方法来提高网络训练的精度。初始权值过大或过小都会影响神经网络的学习速率，一般初始权值取（−1，1）之间的随机数，或 $[−2.4/n, 2.4/n]$ 之间的随机数，n 为输入值的个数。学习速率过高或过低都会影响系统的稳定性和训练时间。可通过计算每次训练后的误差平方和对学习速率进行评价，如误差平方和下降得很快，说明学习速率适中，如误差平方和出现震荡，说明学习速率过大。一般为系统的稳定性考虑，应选取较小的学习速率，取值范围为 $0.01\sim0.8$。

BP 神经网络的训练包含以下步骤。

（1）确定参数

BP 神经网络的训练首先需对如下参数进行初始化。

输入向量：$\boldsymbol{X}=[x_1,x_2,\cdots,x_n]^{\mathrm{T}}$　（n 为输入层神经元个数）

输出向量：$\boldsymbol{Y}=[y_1,y_2,\cdots,y_q]^{\mathrm{T}}$　（q 为输出层神经元个数）

希望输出向量：$\boldsymbol{O}=[o_1,o_2,\cdots,o_q]^{\mathrm{T}}$

隐含层输出向量：$\boldsymbol{B}=[b_1,b_2,\cdots,b_p]^{\mathrm{T}}$　（p 为隐含层神经元个数）

输入层至隐含层的连接权值：$\boldsymbol{W}_j=[w_{j1},w_{j2},\cdots,w_{jn}]^{\mathrm{T}}$，　$j=1,2,\cdots,p$

隐含层至输出层的连接权值：$\boldsymbol{V}_k=[v_{k1},v_{k2},\cdots,v_{kp}]^{\mathrm{T}}$，　$k=1,2,\cdots,q$

（2）正向传播

隐含层第 j 个神经元的激活值为：

$$s_j=\sum_{i=1}^n w_{ji}x_i-\theta_{hj}\quad(j=1,2,\cdots,p)$$

其中，w_{ji} 为输入层至隐含层的连接权值；θ_{hj} 为隐含层神经元的阈值。

激活函数采用 S 型函数的形式。S 型函数是连续可微分的，与其他函数相比更接近生物神经元的信号输出形式。S 型函数的表达式为：

$$f(x) = \frac{1}{1 + \mathrm{e}^{(-x)}}$$

将激活值代入到激活函数中，可得隐含层第 j 个神经元的输出值：

$$b_j = f(s_j) = \frac{1}{1 + \mathrm{e}^{(-\sum\limits_{i=1}^{n} w_{ji}x_i + \theta_j)}} \quad (j = 1, 2, \cdots, p)$$

输出层第 k 个神经元的激活值为：

$$s_k = \sum_{j=1}^{p} v_{kj}b_j - \theta_k \quad (k = 1, 2, \cdots, q)$$

输出层第 k 个神经元的输出值为：

$$y_k = f(s_k) = \frac{1}{1 + \mathrm{e}^{(-\sum\limits_{j=1}^{p} v_{kj}b_j + \theta_{ok})}} \quad (k = 1, 2, \cdots, q)$$

其中，v_{kj} 为隐含层至输出层的权值；θ_k 为输出层各神经元的阈值；$f(x)$ 为 S 型激活函数。

(3) 反向传播

当输出值与希望输出值不一致，或误差大于限定的数值时，需要对网络进行校正。校正从后向前进行，先由输出层到隐含层，再由隐含层到输入层，循环往复，直到误差满足要求或达到最大迭代次数为止。

输出层第 k 个神经元的校正误差为：

$$e_k = (o_k - y_k)y_k(1 - y_k) \quad (k = 1, 2, \cdots, q)$$

式中，o_k 为希望输出；y_k 为实际输出。

隐含层第 j 个神经元的校正误差为：

$$e_j = \Big(\sum_{k=1}^{q} v_{kj}e_k\Big)b_j(1 - b_j) \quad (j = 1, 2, \cdots, p)$$

输出层至隐含层的连接权值和输出层阈值的校正量分别为：

$$\Delta v_{kj} = ae_k b_j$$
$$\Delta \theta_k = ae_k$$

式中，b_j 为隐含层第 j 个神经元的输出；e_k 为输出层的校正误差；a 为学习系数，且 $a > 0$。

隐含层至输入层的校正量为：

$$\Delta w_{ji} = \beta e_j x_i$$
$$\Delta \theta_j = \beta e_j$$

式中，e_j 为隐含层第 j 个神经元的校正误差；β 为学习系数，且 $0 < \beta < 1$。

在每次训练结束后，神经网络将进行学习结果的判别。若输出误差符合要求，或已达到最大迭代次数，则结束学习过程，否则继续训练。

综上所述，基于 BP 神经网络构建驾驶负荷预测模型，取隐含层层数为 2，隐含层神经元数量为 30 个，隐含层传递函数为 tan-sigmoid 函数，输出层传递函数为 tan-sigmoid 函数，学习速率为 0.015，训练函数为 trainlm。预测结果输出与期望输出对比如图 8-25 所示。

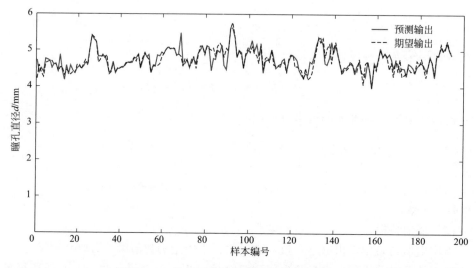

图 8-25　神经网络预测输出与期望输出对比

MSE 值为 0.0242，MAPE 值为 2.153%，证明利用交通环境视觉信息量数据和车辆速度数据，可以较好地对驾驶人的瞳孔直径进行预测。进一步证明了交通环境视觉信息量模型的有效性。

本章基于驾驶模拟与眼动实验，对驾驶人在多类城市平面交叉口通行过程中的视认行为以及驾驶人—车辆单元运动行为特性进行研究，描述了驾驶人注视点分布规律，量化分析了不同交通场景下驾驶人的瞳孔直径、驾驶速度、主观感知情况、主观任务难度、主观驾驶负荷、行车轨迹等特征参数。针对道路信息、动态信息、意义性信息和景观信息等四类交通环境视觉信息，分别建立了信息量计算模型，并提出基于 BP 神经网络的驾驶负荷预测方法。

参 考 文 献

[1] Jiahua T . Visual search of traffic scenes：on the effect of location expectations［C］// Vision in Vehicles IV Fourth International Conference on Vision in Vehicles.1993.

[2] Carney L G, Hill R M. The nature of normal blinking patterns［J］. Acta Ophthalmologica，1982，60（3）：427-433.

[3] Beatty J. Task-evoked pupillary responses, processing load, and the structure of processing resources［J］. Psychological Bulletin，1982，91（2）：276-292.

［4］ Bailey B P, Iqbal S T. Understanding changes in mental workload during execution of goal-directed tasks and its application for interruption management ［J］. ACM Transactions on Computer-Human Interaction (TOCHI)，2008，14（4）：1-28.

［5］ 曹友露. 基于驾驶员自然引导的双车道公路几何线形安全性研究 ［D］. 重庆：重庆交通大学，2016.

［6］ 王武宏，郭宏伟，郭伟伟. 交通行为分析与安全评价 ［M］. 北京：北京理工大学出版社，2013.

［7］ Maslow A. A theory of human motivation ［J］. Psychological Review，1943，50（1）：370-396.

［8］ Maslow A. Toward a psychology of being ［M］. 3rd ed. New York：Wiley & Sons，1998.

［9］ 董永杰，陈雨人. 基于视觉信息量计算的城市道路交通环境评价 ［J］. 交通信息与安全，2014，32（6）：146-152.

［10］ 赵晓群. 信息论基础及应用 ［M］. 北京：机械工业出版社，2015.

［11］ 傅祖芸. 信息论 ［M］. 北京：电子工业出版社，2015.

［12］ GB 51038-2015，城市道路交通标志和标线设置规范 ［S］. 北京：中国计划出版社，2015.

［13］ 王培，饶培伦. 驾驶员对北京市道路交通标志的感知和理解 ［J］. 工业工程，2011，14（1）：114-117.

［14］ 段立飞. 驾驶员精神负荷评价及在辅助驾驶系统中的应用 ［D］. 长春：吉林大学，2013.

［15］ Wilson G F. In-flight psychophysiological monitoring ［C］//Progress in Ambulatory Monitoring. Seattle，WA：Hogrefe & Huber，2001：435-454.

［16］ Steinhauer S R，Siegle G J，Condray R，et al. Sympathetic and parasympathetic innervation of pupillary dilation during sustained processing ［J］. International Journal of Psychophysiology Official Journal of the International Organization of Psychophysiology，2004，52（1）：77-86.

［17］ Cao K，Suzuki K，Orito E，et al. Pupil dilation reflects perceptual selection and predicts subsequent stability in perceptual rivalry ［J］. Proceedings of the National Academy of Sciences，2008，105（5）：1704-1709.

［18］ 匡寒峰. 具有混合时滞细胞神经网络模型的动力学研究 ［D］. 长沙：长沙理工大学，2014.

［19］ 蒋帅. 基于卷积神经网络的图像识别 ［D］. 长春：吉林大学，2017.

［20］ 付强，吴超仲，吕能超. 基于驾驶负荷的交通标志信息量度研究进展分析 ［C］// 第七届中国智能交通年会优秀论文集——智能交通技术，2012：80-88.

［21］ 林雨，潘晓东，方守恩. 指路标志信息量与认知性关系研究 ［J］. 交通运输工程与信息学报，2005，3（3）：73-77.

第9章
面向智能车载系统的人车交互行为研究

理论上来说,驾驶的主任务就是安全驾驶,在出行过程中完成导航、引导、稳定(控制)等多个层级的驾驶任务,时刻监控道路状况、保持车道、选取合适的车速、合理加减速以控制车辆避免任何碰撞的可能性。实际上,驾驶人只有 46% 的时间是在进行主任务,其余时间都参与到主任务以外的活动中(次任务、副任务)。随着智能车载系统、智能移动装备的升级发展,驾驶人与其交互的频率不断升高,例如操作手机的行为明显增加。而此类系统或设备在为驾驶人的出行过程提供服务或娱乐性的同时,也是直接造成驾驶分心的主要原因。据统计,驾驶人与智能车载系统交互导致了约 22% 的车辆碰撞事故。因此,需要进行驾驶人对常见车载系统[包括车载信息系统(IVIS)和先进驾驶人辅助系统(ADAS)]的使用偏好进行调查,同时研究智能车载系统的交互行为与驾驶安全之间的关系,量化分析操控车载信息设备导致的注意力分散对驾驶行为的影响。

9.1 问卷调查方法

线上问卷调查是一种高效率、低成本的调查研究方式,研究人员可根据研究目标、研究内容合理设置问题以保障调查结果的真实性和实用性。问卷调查是一种结构化的调查,其表达方式、提问顺序和答案方式一般都是固定的,例如,关于驾驶人心理方面的研究常常利用五级量表法或七级量表法设置答案,这样的结果非常便于统计处理和分析。因此,调查问卷为研究人员提供了一种可以了解驾驶人真实态度和想法的途径,尤其在车载系统偏好以及道路交通危险场景认知方面。

本研究的调查问卷主要分为三部分:驾驶人基本信息调查、驾驶人车载系统及交互方式偏好调查,以及车载系统交互对驾驶安全的影响调查。

(1)驾驶人基本信息调查

主要调查驾驶人的基本信息,包括性别、年龄及驾龄等信息。

（2）驾驶人车载系统及交互方式偏好调查

对市场主流汽车品牌及车型的智能车载系统（IVIS、ADAS）进行调查，最终采用了包括收音机、多媒体、车载电话、导航、停车信息、蓝牙/手机互联、空调、天气信息、驾驶模式及设置等常用的车载信息系统功能，以及自适应巡航系统（Adaptive Cruise Control，ACC）、前向碰撞系统（Forward Collision Warning，FCW）、自动紧急刹车系统（Autonomous Emergency Breaking，AEB）、车道偏离预警系统（Lane Departure Warning，LDW）、换道辅助系统（Lane Change Assist，LCA）、倒车雷达/影像（Rear View Radar/Camera，RV）、夜视系统（Night Vision System，NVS）和胎压监测系统（Tyre Pressure Monitoring System，TPMS）等驾驶辅助系统。因此，调查问卷总共选取 18 种车载系统，包括 10 种车载信息系统/功能和 8 种车载辅助系统。

车载系统交互方式则选取了旋钮、触屏、旋钮加显示屏和语音 4 类交互方式。

（3）车载系统交互对驾驶安全的影响调查

主要探讨车载系统交互与驾驶安全之间的关系。第一部分调查驾驶人在进行车载信息系统交互时可能遇到的危险场景。经过文献调研，对场景设计进行分析，问卷中选取了与其他车辆或弱势道路使用者的冲突以及影响行车效率的场景，道路环境含路段、交叉口，如表 9-1 所示。驾驶人通过五级量表对遭遇表 9-1 中的场景的频率进行确定。

表 9-1　常见危险场景

危险场景	场景描述
场景 1	没注意到前方车辆减速而不得不急刹车
场景 2	没注意到侧前方并入车辆而不得不急刹车
场景 3	没注意到自行车/电动车/行人而发生或险些发生碰撞
场景 4	（信号灯由绿变红）闯红灯或险些闯红灯
场景 5	（信号灯由红变绿）没注意到信号灯变化而被后车鸣笛提醒
场景 6	在接近交叉口时,进入错误的车道
场景 7	偏离车道
场景 8	看错或漏看标志导致走错路

第二部分，调查当遭遇这些危险场景时，驾驶人在进行的具体交互任务类型。本研究中选取了常见的 6 类车载信息交互任务，包括播放音乐、查看导航、查询信息、拨打电话、设置空调和连接蓝牙。

9.2　驾驶人车载系统使用偏好分析

9.2.1　驾驶人车载系统熟悉度调查

线上问卷调查共收集 531 份回复，筛选（剔除重复填写、回答时间异常等问卷）后共计 478 份有效问卷。驾驶人对车载系统熟悉程度分析是后续进行 IVIS、ADAS 重要程度评价的基础，驾驶人对车载系统的熟悉情况决定了其是否可以提供更有价值的重要度评价。如图 9-1 所示，有 23.6% 的驾驶人对车载系统不熟悉，其中 7.7% 的驾驶人对这些系统完全不熟悉；有 43.9% 驾驶人对车载系统一般熟悉；32.5% 驾驶人对车载系统较为熟悉。

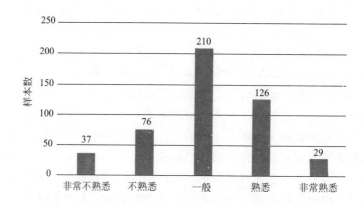

图 9-1　驾驶人智能车载系统熟悉度

　　对影响驾驶人对车载系统熟悉程度的因素进行统计分析，结果发现性别对驾驶人车载系统熟悉度有显著性影响（t=4.905，p<0.001）。男性驾驶人熟悉度的平均分为 3.21（SD=0.967），明显高于女性驾驶人的 2.73（SD=0.952）。此外，对年龄组、驾龄组内样本进行检验。在年龄组中，不同年龄段驾驶人在熟悉度方面不存在显著性差异（F=1.284，p=0.279）。但是在驾龄组中，不同驾龄样本之间呈现出显著差异（F=11.939，p<0.001），随着驾龄增长，驾驶经验丰富的驾驶人对车载系统熟悉程度逐渐提高。尽管智能车载系统能够为驾驶人提供道路环境、车辆状况、出行服务、娱乐休闲等多种信息，其技术不断更新、应用范围不断拓展，但是对车载系统熟悉程度非常高的驾驶人仍然较少。

9.2.2　智能车载系统重要度评价

　　根据上述驾驶人对智能车载系统的熟悉程度分析结果，只将熟悉程度为一般、熟悉与非常熟悉的样本进行车载系统（IVIS、ADAS）的重要程度分析，结果如表 9-2 所示。在车载信息系统方面，空调、导航和停车信息是三个平均分最高的功能，驾驶人对其重要程度的评价较高，天气信息评分最低。在驾驶辅助系统方面，驾驶人认为选定的辅助系统都非常重要，除了自适应巡航系统（ACC）、车道偏离预警（LDW）和换道辅助系统（LCA）之外，其他功能的重要度平均分都在 4.00 以上。值得注意的是，尽管每个系统的重要度评价有差异，但其整体评分均相对较高。

表 9-2 智能车载系统重要度评价

车载信息系统	均值(标准差)	车载辅助系统	均值(标准差)
收音机	3.68(0.99)	RV	4.49(0.74)
媒体	3.80(0.93)	ACC	3.68(0.97)
电话	3.74(0.97)	LDW	3.78(0.95)
导航	4.18(1.08)	AEB	4.35(0.81)
停车信息	4.13(0.97)	LCA	3.85(0.95)
蓝牙	3.85(0.98)	FCW	4.21(0.87)
空调	4.75(0.55)	NVS	4.10(0.95)
天气信息	3.50(1.06)	TPMS	4.37(0.73)
驾驶模式	3.72(0.99)		
设置	3.95(0.91)		

统计分析结果表明,不同性别驾驶人在部分车载系统重要度评价方面存在显著性差异,女性驾驶人普遍认为问卷中 IVIS 与 ADAS 选定功能都很重要。性别差异性主要体现在以下功能上:电话、导航、停车信息、天气信息、驾驶模式、设置、自动紧急刹车系统、换道辅助系统、车道偏离预警、夜视系统和胎压监测系统。另外,尽管在这些功能上存在差异,但是对于导航、停车信息和自动紧急刹车系统等,男女性驾驶人对其重要程度都给予较高评价。

此外,驾龄显著影响驾驶人对智能车载系统的重要度评价,尤其是车载驾驶辅助系统,除倒车雷达外,均存在显著性差异,在车载信息系统方面,不同驾龄驾驶人对停车信息和驾驶模式重要度评价也存在显著差异,见表 9-3。我国驾驶人普遍认为纵向辅助系统(自动紧急刹车系统 AEB 和前向碰撞预警系统 FCW)相比于横向辅助系统(车道偏离预警系统 LDW 和换道辅助系统 LCA)更为重要,但纵向辅助中的自适应巡航系统(ACC)除外。

表 9-3 不同驾龄驾驶人重要度评分差异分析

车载系统		均值(标准差)				F 检验值
	1 年以内	1~3 年	3~5 年	5~10 年	10 年以上	
车载信息系统 收音机	3.68(1.04)	3.61(0.97)	3.66(0.96)	3.71(1.03)	3.77(1.02)	0.258
媒体	3.85(0.82)	3.76(0.94)	3.86(0.90)	3.83(1.01)	3.70(0.89)	0.355
电话	3.93(0.91)	3.89(1.01)	3.74(0.87)	3.65(1.02)	3.57(0.98)	1.613
导航	4.46(0.93)	4.28(0.99)	4.29(1.02)	3.98(1.14)	4.07(1.21)	2.153
停车信息	4.63(0.58)	4.35(0.76)	4.15(0.95)	3.90(1.08)	3.83(1.11)	**7.236** * * *
蓝牙	3.85(0.91)	3.83(0.99)	4.00(0.93)	3.91(0.99)	3.57(1.05)	1.796
空调	4.71(0.56)	4.76(0.54)	4.81(0.40)	4.75(0.66)	4.72(0.52)	0.333
天气信息	3.71(0.87)	3.61(1.10)	3.42(1.00)	3.36(1.07)	3.52(1.17)	1.142
驾驶模式	4.02(0.91)	3.93(0.90)	3.58(0.90)	3.66(1.09)	3.47(1.05)	**3.515** * *
设置	4.12(0.81)	4.08(0.87)	3.88(0.85)	3.94(0.97)	3.77(1.00)	1.544

车载系统		均值（标准差）					F 检验值
		1 年以内	1～3 年	3～5 年	5～10 年	10 年以上	
车载辅助系统	RV	4.56(0.63)	4.57(0.62)	4.62(0.62)	4.40(0.88)	4.30(0.81)	2.290
	ACC	4.12(0.87)	3.84(0.94)	3.58(0.90)	3.53(1.03)	3.55(0.98)	**3.946****
	LDW	4.34(0.73)	3.84(1.01)	3.64(0.92)	3.68(0.89)	3.67(1.00)	**4.765****
	AEB	4.63(0.66)	4.46(0.72)	4.21(0.93)	4.28(0.80)	4.27(0.84)	**2.630***
	LCA	4.22(0.76)	3.96(0.92)	3.64(0.90)	3.84(0.98)	3.72(1.03)	**3.070***
	FCW	4.56(0.71)	4.45(0.67)	3.92(1.02)	4.19(0.91)	3.98(0.81)	**6.807*****
	NVS	4.51(0.71)	4.35(0.77)	3.95(1.03)	3.94(1.00)	3.93(0.99)	**5.394*****
	TPMS	4.56(0.59)	4.49(0.68)	4.22(0.85)	4.44(0.73)	4.13(0.68)	**4.048****

注：*代表显著性水平为 0.005；**代表显著性水平为 0.01；***代表显著性水平为 0.001。

9.2.3 智能车载系统交互方式偏好

作为车载系统的一部分，交互方式的便捷性、安全性以及对驾驶人注意力分散的程度是很多学者研究的重点之一。因此，对车载系统交互方式偏好的调查可以了解驾驶人的操作习惯。如图 9-2 所示，在 365 位驾驶人当中，58.4％的驾驶人选择旋钮加显示屏作为交互方式，20.0％的驾驶人倾向于触屏交互，12.3％驾驶人选择语音，而旋钮只有 9.3％的驾驶人选择作为期望的交互方式。

尽管语音交互可以减少驾驶分心的情况，但是驾驶人对该方式的认可度较低。触屏作为一种可以直接输入的方式，已广泛应用于许多品牌车型，但不合理的触屏尺寸以及菜单设计会导致驾驶人出现操作失误，此外，部分品牌车型的触屏设计并不提供触觉反馈，驾驶人在对其操作进行确认时会遇到一定困难。我国驾驶人偏好旋钮加显示屏的交互方式，这种交互方式在德国品牌车辆中应用广泛，如宝马的 iDrive 系统、奔驰的 COMAND 系统以及奥迪的 MMI 系统。

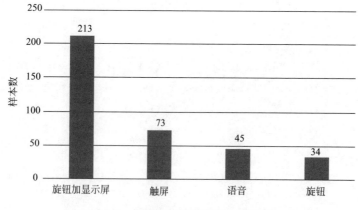

图 9-2 智能车载系统交互方式偏好

9.3　车载系统交互对驾驶安全的影响

9.3.1　驾驶人遭遇危险场景分析

通过驾驶人在进行车载信息系统交互时可能遇到的危险场景（表9-1）及其频率来认识驾驶人在进行车载系统交互操作时的风险，调查结果如图9-3所示。约50%的驾驶人很少/从未遇到过这些危险场景，约40%的驾驶人有时会遇到这些场景，约10%的驾驶人会经常/总是遇到与影响驾驶安全的危险场景。而这10%左右的驾驶人在进行车载系统交互时频繁地陷入以下危险场景中：没注意到侧前方并入车辆而不得不急刹车（场景2）；（信号灯由绿变红）闯红灯或险些闯红灯（场景4）；（信号灯由红变绿）没注意到信号灯变化而被后车鸣笛提醒（场景5）；在接近交叉口时，进入错误的车道（场景6）；看错或漏看标志导致走错路（场景8）。而经常与前方车辆、与行人发生冲突以及偏离车道的比例相对较低（约为6%）。

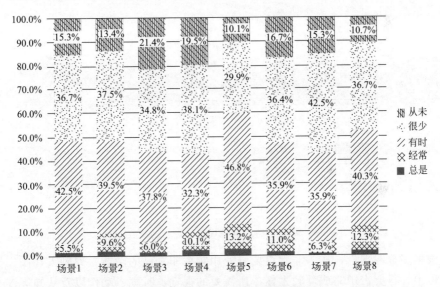

图 9-3　驾驶人遇到危险场景的频率

驾驶人在进行车载系统交互时，将占用注意力资源，影响驾驶人对于外部道路环境的反应时间，易造成驾驶失误，引发交通事故，同时也造成出行效率的降低。图中场景5的结果表明驾驶人如在红灯时操作车载系统，操作时间往往超过驾驶人的判断，有13.2%的调查样本表示因没有及时发现信号灯的变化而被后车鸣笛提醒，而有时会遇到此情况的驾驶人比率也达到46.8%。看错或漏看道路标识的场景遭遇比例也较高（场景8），这也极大影响了驾驶人的出行效率。

9.3.2 危险场景下交互行为分布

图 9-4 描述了驾驶人遇到危险场景时进行的车载系统交互行为，每一栏代表一个驾驶人的选择，每一填色单元都代表一项交互操作，底部渐变的色带表示驾驶人交互操作数目的变化。

根据上一小节智能车载系统重要度评价分析，选取以下 6 类驾驶人与车载系统进行交互的操作：查看导航、拨打电话、查询信息（停车信息等）、播放音乐、设置空调和连接蓝牙。在 365 例驾驶人样本中，剔除由于抽烟、饮食或分神而遭遇危险场景（未选择上述 6 类交互操作）的 17 位驾驶人，结果如下：有 58.3% 的驾驶人遇到危险场景时在查看导航，有 39.9% 的驾驶人遇到危险场景时正在拨打电话，其次陷入危险时正在进行的交互操作是查询信息、播放音乐和设置空调。因为连接蓝牙而陷入危险场景的比例是最少的。另外，大约 59.5% 的驾驶人在行车过程中与一种以上车载信息系统进行交互。例如，有 5 位驾驶人在进行任何一类车载系统的交互操作时都遭遇了危险的情况。有 40.5% 的驾驶人是在进行某一项交互操作时陷入危险场景并影响了驾驶安全。

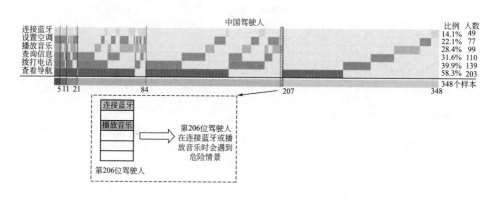

图 9-4　驾驶人遇到危险场景时进行的交互行为

根据多资源理论，作为非常重要且使用频率非常高的功能，驾驶人在操作导航的过程中，将会占用完成驾驶主任务所需要的视觉、听觉、动作以及认知等多方面资源，例如驾驶人在输入地址时（动作）需要注视导航界面（视觉），在驾驶过程中需要不时地查看导航信息（视觉），同时也需要随时听取导航中关于限速违章等相关提示（听觉），在拥堵环境下还需要驾驶人判断是否切换路线以提高行车效率（认知）等。因此，在进行该功能的交互时对驾驶安全影响较大。同样，拨打电话也会导致驾驶人陷入危险场景，会占用驾驶人的听觉、动作和认知资源，增加车辆控制的难度。对于其他四类交互操作行为查询信息、播放音乐、设置空调和连接蓝牙，均占用一项或几项资源，无论该交互操作简单还是复杂，一旦注意力从主路面转移，就会存在陷入危险场景的可能。

9.3.3 基于有序 Logistic 回归的交互行为影响研究

通过有序 Logistic 回归模型对数据进行分析，确定智能车载系统的交互行为与驾驶安全水平之间是否存在联系，同时检验进行交互是否会显著影响驾驶安全。驾驶安全水平以驾驶人进行车载系统交互时遭遇危险场景（表 9-1）的频率反映。因此，因变量取值有五个水平，分别为从不、偶尔、有时、经常和总是；解释变量为交互行为，包括进行交互操作和不进行交互操作。模型选用 Logit 连接函数。在进行回归分析之前，通过样本的平行线检验，在此不再赘述。

回归分析结果如表 9-4 所示，表中数据分别为优势比和 95％置信区间。结果表明，与驾驶过程中不查看导航的驾驶人相比，查看导航驾驶人遭遇危险频率增加，例如，查看导航驾驶人与前方减速车辆冲突（场景 1）的频率提高一个等级的可能性是不查看导航驾驶人的 1.56 倍；没注意到信号灯变化而被后车鸣笛提醒的频率（场景 5）的可能性为 1.74 倍。类似地，查看导航驾驶人遇到场景 2、场景 4、场景 6 和场景 8 的频率提高一个等级的可能性分别为 1.67 倍、1.48 倍、1.74 倍和 1.85 倍。拨打电话驾驶人与不拨打电话驾驶人相比，同样会导致驾驶人遭遇危险场景的频率增加，例如，驾驶过程中拨打电话驾驶人闯红灯（危险场景 4）的频率提高一个等级的可能性是不拨打电话驾驶人的 2 倍；偏离车道（场景 7）的可能性为 1.8 倍。与不进行蓝牙连接的驾驶人相比，连接蓝牙行为会增加驾驶人遇到危险的频率，例如，连接蓝牙驾驶人与前方换道车辆冲突（场景 2）的频率提高一个等级的可能性是不进行该操作驾驶人的 2.6 倍。播放音乐和设置空调同样会使驾驶人陷入危险场景的频率增加。由表 9-4 可知，查看导航、拨打电话和连接蓝牙是三个严重影响驾驶安全水平的交互行为，均导致驾驶人遭遇 6 类危险场景的频率增加（显著相关）。

表 9-4　回归模型预测交互任务对驾驶行为影响

危险场景	播放音乐	拨打电话	查看导航	查询信息	设置空调	连接蓝牙
场景 1	1.46 (1.06,2.25)	1.13 (0.62,1.67)	1.56 * (1.06,2.29)	1.28 (0.88,1.95)	1.45 (0.93,2.32)	3.08 * * (1.70,5.61)
场景 2	1.39 (1.11,2.13)	1.74 * * (1.17,2.58)	1.67 * * (1.14,2.45)	1.47 (1.02,2.22)	1.59 (1.01,2.52)	2.60 * * (1.47,4.62)
场景 3	1.87 * * (1.21,2.87)	1.50 * (1.02,2.22)	1.31 (1.12,1.91)	1.47 (1.02,2.22)	1.65 * (1.03,2.62)	1.83 * (1.05,3.21)
场景 4	1.48 (1.03,2.26)	2.00 * * (1.35,2.95)	1.48 * (1.01,2.15)	1.22 (0.67,1.87)	1.70 * (1.07,2.69)	1.34 (0.87,2.31)
场景 5	1.66 * (1.07,2.57)	1.38 (1.08,2.04)	1.74 * * (1.18,2.56)	1.37 (1.01,2.08)	1.25 (0.71,2.00)	1.97 * (1.11,3.49)
场景 6	1.05 (0.78,1.61)	1.69 * * (1.15,2.50)	1.74 * (1.19,2.55)	1.42 (1.06,2.04)	1.67 * (1.02,2.66)	1.75 * (1.00,3.03)
场景 7	1.84 * * (1.19,2.84)	1.80 * (1.13,2.50)	1.18 (0.83,1.72)	1.30 (1.06,1.97)	1.29 (0.76,2.06)	1.89 * (1.03,3.32)

续表

危险场景	播放音乐	拨打电话	查看导航	查询信息	设置空调	连接蓝牙
场景8	1.13 (0.67,1.74)	**1.67*** **(1.13,2.48)**	**1.85**** **(1.26,2.73)**	1.24 (0.82,1.86)	**1.78*** **(1.11,2.85)**	1.68 (1.04,2.94)

注: *代表显著性水平为 0.05；**代表显著性水平为 0.01；***代表显著性水平为 0.001。

9.4 实车在途实验

根据前两节调查结果分析可知，导航是驾驶人对智能车载系统重要度评价最高的功能/子系统之一，也是行车过程中驾驶人进行频率最高的交互操作，驾驶人在操作导航时极易陷入危险场景。因此，本节通过实车在途实验的设计对真实道路环境下车载系统交互对驾驶行为以及安全的影响进行分析。

9.4.1 实验方案

如图 9-5 所示为实验车辆，该车安装有车辆运行数据采集装置，能以 10Hz 频率采集车辆运行过程的速度、油门踏板开合度、经纬度等运行数据。此外选择选取 Tobii Glasses2 眼动仪采集驾驶人眼动行为数据，采样频率 50Hz，通过 ErgoLAB 人机环境同步平台对眼动仪数据进行可视化分析。

图 9-5 北汽新能源 EV150 型电动车

图 9-6 实车实验场地

实验场地选择校园内部一条平直道路，双向两车道，无道路中心线，测试路段 225m。该路段路面状况良好，交通量低，无环境因素干扰，实验道路如图 9-6 所示。

本实验中，测试路段操作导航任务将分别在安全与危险两种场景下进行，其中，导航任务具体描述为实验中驾驶人使用自己的手机进行导航任务，手机放置在右前方空调出风口处，当实验车辆行驶到触发点时，驾驶人必须在手机固定状态下完成地址输入动作；安全场景为在测试路段无其他道路使用者，驾驶人在限速规定下正常通行；危险场景为在测试路段驾驶人将遭遇横穿行人（滑动装置代替），如

图 9-7 所示。

因此，实验过程可分为 4 类情况：A. 无任务＋无危险（安全场景），B. 无任务＋危险（危险场景），C. 导航＋无危险（安全场景下导航任务），D. 导航＋危险（危险场景下导航任务）。被试驾驶人将完成测试内容随机组合的 8 次实验路段驾驶通行任务，如图 9-8 所示。实验共招募到 11 名男性驾驶人，平均年龄为 29.3 岁（27～35 岁），平均驾龄为 5.7 年（3～10 岁）。

图 9-7　实验危险场景示例　　　　　图 9-8　驾驶人在实验中

9.4.2　实验数据采集

北汽新能源 EV150 型电动车在实验过程中会以 10Hz 的频率记录车辆动力学数参数，包括位置坐标、速度、扭矩、电池电量等数据。Tobii Glasses2 以 50Hz 的频率记录驾驶人眼动行为，并通过对原始数据处理得到驾驶人的注视行为、扫视行为及眨眼行为数据。在实际驾驶过程中，这三种视觉行为是驾驶人获取外界信息时的基本眼动形式。

① 注视行为：该动作是指驾驶人的眼睛中央对准某一目标的眼动行为，在注视过程中，注视目标在眼睛中央凹上成像。在实际驾驶过程中，注视行为是驾驶人获取与安全行驶有关信息的最主要方式。

② 扫视行为：该动作是指驾驶人眼球的一种跳跃性运动，是由视线点或视线方位的突然改变而引起的眼动行为。在实际驾驶过车中，扫视行为有助于驾驶人对交通环境中的目标进行搜索，同时，也代表了视线点在兴趣区域之间的转移过程。

③ 眨眼行为：该动作是驾驶人眼睛的一种不自觉运动。在实际驾驶过程中，眨眼行为无法帮助驾驶人获取道路交通信息，但是，眨眼行为可以反映驾驶人的疲劳状态。

9.4.3　基于车载系统交互的驾驶人视觉行为分析

当驾驶人在进行导航任务时，视觉注意资源既需要分配至前方路面，以保障行驶安全，也要分配至导航界面以完成输入地址的动作，以确保信息的准确。将驾驶人进行导航任务时的视觉范围划分为两个区域，即路面状况和导航界面，对驾驶在这两个区域的注视行为进行分析。

如图 9-9 所示为驾驶人在安全和危险场景下进行导航操作时的注视范围，当驾驶人在无其他道路使用者干扰下输入地址时，大部分注视点落在导航界面上，而当驾驶人在危险场景下进行该操作时，对路面的注视点增多，注视时间增长，且跟踪横穿行人的运动情况。

图 9-9　驾驶人注视范围

根据眼动仪输出数据，定量分析驾驶人在导航任务下路面与导航两个注视区域的注视时间，在此，记录驾驶人在冲突路段（70m）的总注视时间在 4.5～9s 之间，被试驾驶人 97％以上的注视时间都集中在这两个区域内。图 9-10 对安全和危险场景下驾驶人在两个区域的注视点以及注视时间进行了分析。

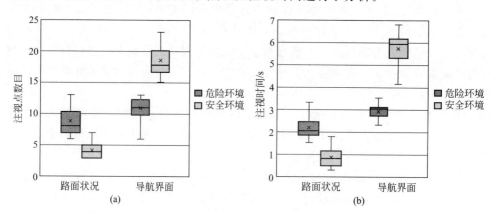

图 9-10　安全和危险场景下驾驶人注视点数目及注视时间

通过上述分析发现，在不同交通环境下，驾驶人对路面状况和导航界面的注视行为（注视点数目和注视时间）存在明显差异。进一步利用独立样本 T 检验，对驾驶人注视数目和注视时间进行差异性分析，结果如表 9-5 所示。当实验中有行人横穿马路时，实验者对主路面的注视点数目和注视时间比在安全场景中增加 1 倍；当没有危险情况存在时，驾驶人对导航界面的注视数目及注视时间同样是危险场景下的 2 倍。检验结果表明，在不同交通环境下，驾驶人进行导航次任务时对路面状况和导航界面的注视行为存在显著性差异。

表 9-5　驾驶人在路面状况和导航界面区域的注视行为差异性分析

注视行为		均值(标准差)		T 检验值
		安全场景($N=22$)	危险场景($N=22$)	
注视点数目	道路状况	4.18(1.18)	8.81(2.06)	$-9.153***$
	导航信息	18.54(2.44)	10.86(2.01)	$11.393***$
注视时间/s	道路状况	0.87(0.38)	2.19(0.45)	$-10.439***$
	导航信息	5.73(0.68)	2.92(0.31)	$17.633***$

注：＊＊＊表示显著性水平为 0.001。

对驾驶人在路面状况和导航界面两个区域内注视时间及其占比进行分析，在安全场景下，驾驶人输入地址时注视时间占总注视时间的 85.8％，达到了 5.73s，而注视路面状况的时间占比为 13.2％。当道路环境中存在危险时，导航界面的注视时间下降到 2.92s，占总注视时间的 57.2％，而观察道路环境的时间增加 28.9％，从 0.87s 增加到 2.19s，如图 9-11 所示。

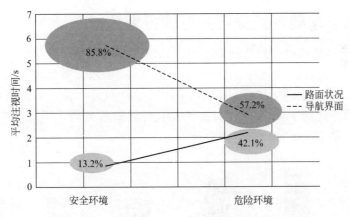

图 9-11　驾驶人平均注视时间及比例

对驾驶人在安全场景、危险场景以及分别进行导航任务时的注视、扫视、眨眼行为进行分析。图 9-12 展示了被试驾驶人在不同实验场景下的不同视觉行为时间分布，当驾驶人在进行导航任务时，扫视行为明显上升，大约为其他场景下扫视行为时间的 2 倍，而在危险场景下导航时扫视时间比例更高。同时，注视行为比例相应地降低 10％～20％。实际上，当驾驶人的视线在路面状况和导航界面之间不断转移时，就会增加扫视时间。扫视时间代表了驾驶人在行驶过程中对交通环境信息的搜索过程，时间越长，说明需要的信息越多，反之则需要的信息越少。而扫视行为同样也代表了驾驶人视线在注视点之间的转移。另外，当道路环境中出现危险时，注视点会在危险人或物、路面状况和导航界面中转移，因此扫视行为更多。

在注视时间和扫视时间方面，驾驶人在前两个场景中的平均注视时间大约为 6s，平均扫视时间不到 1s。当驾驶人进行导航任务时，平均注视时间为 6～7s，增长并不显著，扫视时间则明显增长，为 1.5～2.2s。

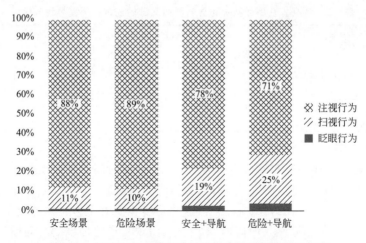

图 9-12　驾驶人在不同实验场景下的视觉行为时间分布

9.4.4　基于车载系统交互的驾驶行为分析

在 70m 测试路段内，对驾驶人在不同场景以及执行导航操作时的平均车速与完成测试路段通行任务的时间进行分析，如图 9-13 所示。当驾驶人无任何干扰正常情况下通行时，速度为 11～12m/s，平均通过时间大约为 6s；如驾驶人遭遇横穿行人，平均车速约下降 10%；当驾驶人进行导航任务时，平均速度明显降低，为 8～9m/s，平均通过时间增加，大于 8s。

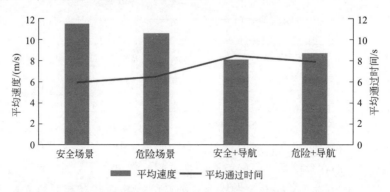

图 9-13　测试路段内驾驶人平均速度与平均通过时间

在此前的章节中对交通冲突严重性评价指标已进行阐述，因此，可以通过驾驶人在危险场景下最小碰撞时间（TTC）以及最小碰撞距离进一步分析与智能车载系统的交互对驾驶安全的影响。在实验中发生碰撞的驾驶人其最小碰撞时间和碰撞距离均为 0，因此主要对未发生碰撞，即顺利避险的驾驶行为数据进行分析。如图 9-14 所示为未发生碰撞样本在危险场景和导航危险场景下的最小碰撞时间和最小距离。驾驶人在危险场景下的最小碰撞时间比较集中，当驾驶人在危险场景下进行

导航时，由于速度变化范围大，因此最小碰撞时间变化较大，主要集中在 1～3s 的
范围内（71％的驾驶人）。实验中的最小距离指实验车辆与行人的最小碰撞距离。
最小距离的变化趋势与最小碰撞时间相似，在危险场景中，最小距离集中在 1～
8m；在导航危险场景中，71％的驾驶人最小距离集中为 10～25m。由图 9-14 可
知，与车载系统进行交互的情况下最小碰撞距离比单一危险场景驾驶人避撞过程中
的最小距离更大，其原因主要是驾驶人进行导航任务时已有意识降低车速。而考虑
到实验车速较低（校园内道路限速），因而后续还应进行高速条件下的相应规律
分析。

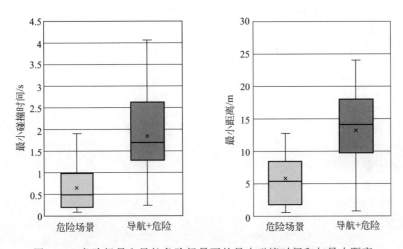

图 9-14　危险场景和导航危险场景下的最小碰撞时间和与最小距离

9.4.5　结合驾驶人交互行为特性的人工势能场跟驰模型

实车实验的结果表明，驾驶人在进行车载系统交互任务时驾驶行为会发生改
变，具体表现在车速的降低，而速度的变化使车辆的最小碰撞距离增大。因此，速
度是研究有人机交互行为介入时车辆运行的重要变量。

将驾驶人人机交互行为影响下车速变化的特点加入第三章人工势能场跟驰模型
中，则跟驰加速度模型可以描述为：

$$a_n(t+T) = f_{\text{DIS}} - f_{\text{ART}} = \varepsilon \left[\left(1 - \frac{\delta v_n(t)}{v_d} \right) - e^{\frac{\Delta x_n(t)}{S_n(t)}} \right] \tag{9-1}$$

式中，δ 是速度敏感系数，在不同人机交互行为下该系数取值不同。该公式的
含义是：当驾驶人与智能车载系统交互时，实际驾驶速度会随着交互操作难度而发
生变化，交互任务占用驾驶人视觉、操作资源越多，速度变化越大，反映在实际车
速与期望车速的比值变化。而车头间距会随着车速的变化而发生改变。

本章对驾驶人车载系统偏好进行研究，其中获取的驾驶人对于目前车载信息系
统以及驾驶辅助系统偏好相关数据，为设计符合我国驾驶人使用特性的车载设备提

供了量化信息；同时，关于智能车载系统交互对驾驶安全影响的主观评价分析，可以反映实际驾驶中不同交互操作/任务的危险程度，可以为改善优化车载功能的设计提供参考依据。此外，本章通过实车在途实验，设计驾驶人在不同场景下进行特定车载系统交互的任务，即导航操作任务，进一步对驾驶人在车载系统交互影响下的视觉行为、车速选择行为以及风险指标等进行研究。

参 考 文 献

［1］ Fitch G M，Soccolich S A，Guo F，et al. The impact of hand-held and hands-free cell phone use on driving performance and safety-critical event risk ［R］. Washington DC：National Highway Traffic Safety Administration，2013.

［2］ Huisingh C，Griffin R，Mcgwin Jr G. The prevalence of distraction among passenger vehicle drivers：a roadside observational approach ［J］. Traffic Injury Prevention，2015，16 (2)：140-146.

［3］ Huemer A K，Schumacher M，Mennecke M，et al. Systematic review of observational studies on secondary task engagement while driving ［J］. Accident Analysis and Prevention，2018，119：225-236.

［4］ Haque M M，Washington S. The impact of mobile phone distraction on the braking behaviour of young drivers：A hazard-based duration model ［J］. Transportation Research Part C：Emerging Technologies，2014，50：13-27.

［5］ Drews F A，Yazdani H，Godfrey C N，et al. Text messaging during simulated driving ［J］. Human Factors：The Journal of the Human Factors and Ergonomics Society，2009，51 (5)：762-770.

［6］ Chisholm S L，Caird J K，Lockhart J. The effects of practice with MP3 players on driving performance ［J］. Accident Analysis Prevention，2008，40 (2)：704-713.

［7］ Horberry T，Anderson J，Regan M A，et al. Driver distraction：The effects of concurrent in-vehicle tasks，road environment complexity and age on driving performance ［J］. Accident Analysis and Prevention，2006，38 (1)：185-191.

［8］ Shi J，Xiao Y，Atchley P. Analysis of factors affecting drivers' choice to engage with a mobile phone while driving in Beijing ［J］. Transportation Research Part F：Traffic Psychology and Behaviour，2016，37：1-9.

［9］ Wickens C D，Damos D L. Processing resources and attention ［J］. Multiple-Task Performance，1991：3-34.

［10］ Collet C，Guillot A，Petit C. Phoning while driving I：A review of epidemiological，psychological，behavioural and physiological studies ［J］. Ergonomics，2010，53 (5)：589-601.

［11］ Owens J M，Mclaughlin S B，Sudweeks J. Driver performance while text messaging using handheld and in-vehicle systems ［J］. Accident Analysis and Prevention，2011，43 (3)：939-947.

［12］ Zhao N，Reimer B，Mehler B，et al. Self-reported and observed risky driving behaviors among frequent and infrequent cell phone users ［J］. Accident Analysis and Prevention，2013，61 (6)：71-77.

［13］ 顾高峰. 车载信息系统分神对驾驶绩效的影响研究 ［D］. 哈尔滨：哈尔滨工业大学，2014.

［14］ 田伟. 基于模拟驾驶的手机导航对驾驶行为影响的研究 ［D］. 北京：清华大学土木工程系，2016.

［15］ Crundall D E，Underwood G. Effects of experience and processing demands on visual information acquisition in drivers ［J］. Ergonomics，1998，41 (4)：448-458.